王更生著

王更生先生全集

第一輯

第十冊　晏子春秋研究

文史哲出版社印行

王更生先生全集 第一輯

王更生先生全集 第一輯18冊

第十冊　晏子春秋研究

著者：王更生
出版者：文史哲出版社
http://www.lapen.com.tw
登記證字號：行政院新聞局版臺業字五三三七號
發行人：彭正雄
發行所：文史哲出版社
印刷者：文史哲出版社
臺北市羅斯福路一段七十二巷四號
郵政劃撥帳號：一六一八〇一七五
電話886-2-23511028．傳真886-2-23965656

定價新臺幣 6000 元

中華民國九十九年（2010）八月十二日初版

ISBN 978-957-549-917-4　08991

晏子像（顧沅：古聖先賢傳）

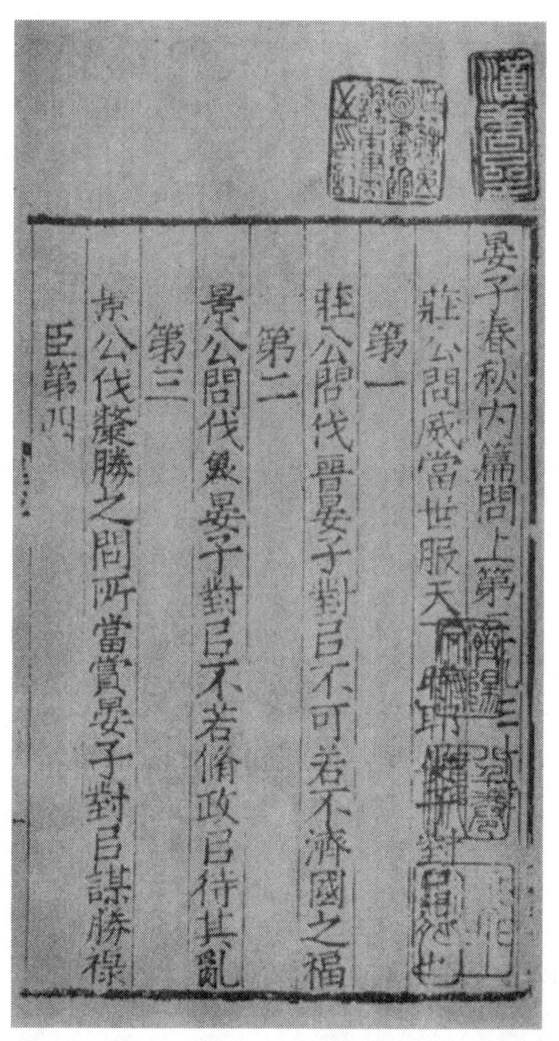
晏子春秋內篇問上第三
莊公問威當世服天
第一
莊公問伐晉晏子對曰不可若不濟國之福
第二
景公問伐魯晏子對曰不若脩政以待其亂
第三
景公伐斄勝之問所當賞晏子對曰謀勝祿
臣第四

元刻本晏子春秋八卷，在台雖未見，而盋山書影第八十六頁，尚留此真跡。並附有馬笏齋藏書題跋云：「晏子春秋八卷，丁志云：此卷本前有目錄，及劉向校上晏子奏。每篇又分小目，列于每卷之首，總二百十五章，平津館有影寫元本每葉十八行，行十八字，與此符合。全書一百三十八葉，版框高營造尺五寸二分，寬七寸四分。」

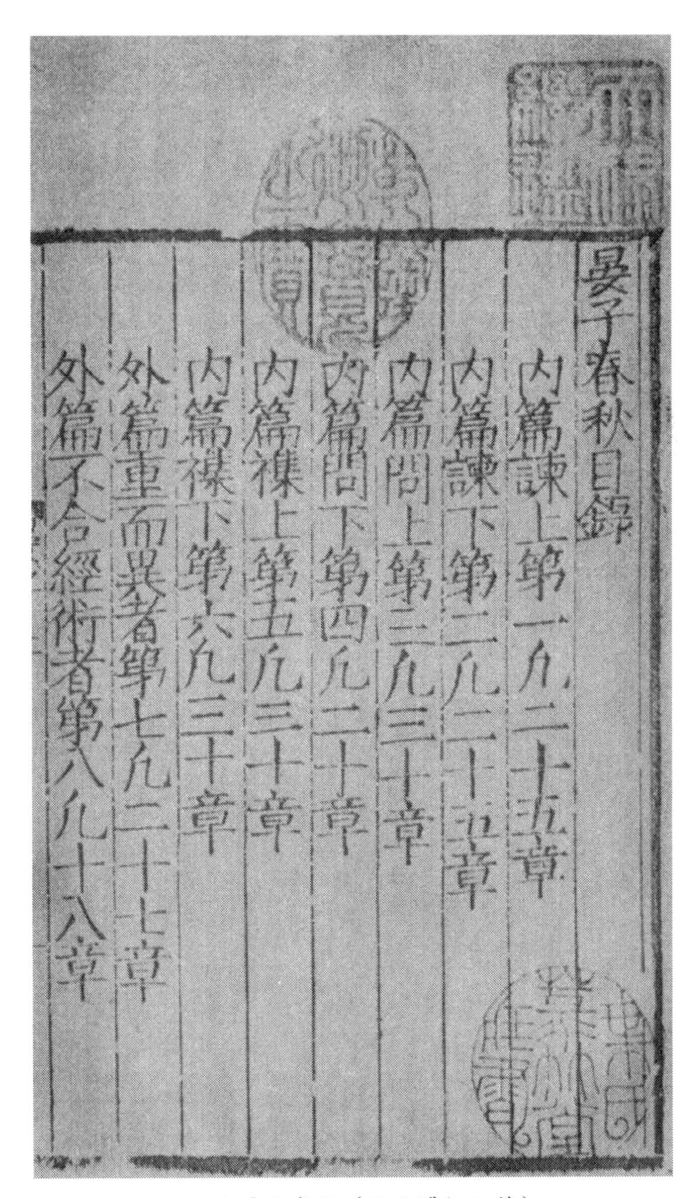

晏子春秋目錄

內篇諫上第一凡二十五章

內篇諫下第二凡二十五章

內篇問上第三凡三十章

內篇問下第四凡三十章

內篇雜上第五凡三十章

內篇雜下第六凡三十章

外篇重而異者第七凡二十七章

外篇不合經術者第八凡十八章

明刻本晏子春秋（故宮博物院藏）

晏子春秋目錄

右晏子凡內外八篇總二百十五章

護左都水使者光祿大夫臣向言所校中書晏子十一篇臣向謹與長社尉臣參校讎太史書五篇臣向書一篇參書十三篇凡中外書三十篇爲八百三十八章除復重二十二篇六百三十八章定著八篇二百一十五章外書無有三十六章中書無有七十一章中外皆有以相定中書以夭爲芳又爲備先爲牛章爲長如此類者多謹頗略椾皆已定以殺青書可繕寫晏子名嬰謚平仲萊人萊者今東萊地也晏子博聞彊記通于古今事齊靈公莊公景公以節儉力行盡忠極諫道齊國君得以正行百姓得以附親不用則退耕于野用則必不詘義不可脅以邪白刃雖交胸終不受崔杼之劫諫齊君懸而至順而刻及使諸侯莫能詘其辭其博通如此蓋次管仲內能親親外能厚賢居相國之位受萬鍾之祿故親戚待其祿而衣食五百餘家處士待而舉火者亦甚衆晏子衣苴布之衣麋鹿之裘駕敝車疲馬盡以祿給親戚朋友齊人以此重之晏子蓋短其書六篇皆忠諫其君文章可觀義理可法皆合六經之義又有復重文辭頗異不敢遺失復列以爲一篇又有頗不合經術似非晏子言疑後世辯士所爲者故亦不敢失復以爲一篇凡八篇其六篇可常置旁御觀謹第錄臣向昧死上

明活字印本晏子春秋（商務印書館四部叢刊初編）

莊公矜勇力不顧行義晏子諫第一

莊公奮乎勇力不顧于行義勇力之士無忌于國貴戚不

薦善逼邇不引過故晏子見公公曰古者亦有徒以勇力

立于世者乎晏子對曰嬰聞之輕死以行禮謂之勇誅暴

不避彊謂之力故勇力之立也以行其禮義也湯武用兵

而不為逆并國而不為貪仁義之理也誅暴不避彊替罪

不避衆勇力之行也古之為勇力者行禮義也今上無仁

義之理下無替罪誅暴之行而徒以勇力立于世則諸侯

行之以國危匹夫行之以家殘昔夏之衰也有推侈大戲

殷之衰也有費仲惡來足走千里手裂兕虎任之以力淩

日本古鈔本晏子春秋首頁（故宮博物院藏）

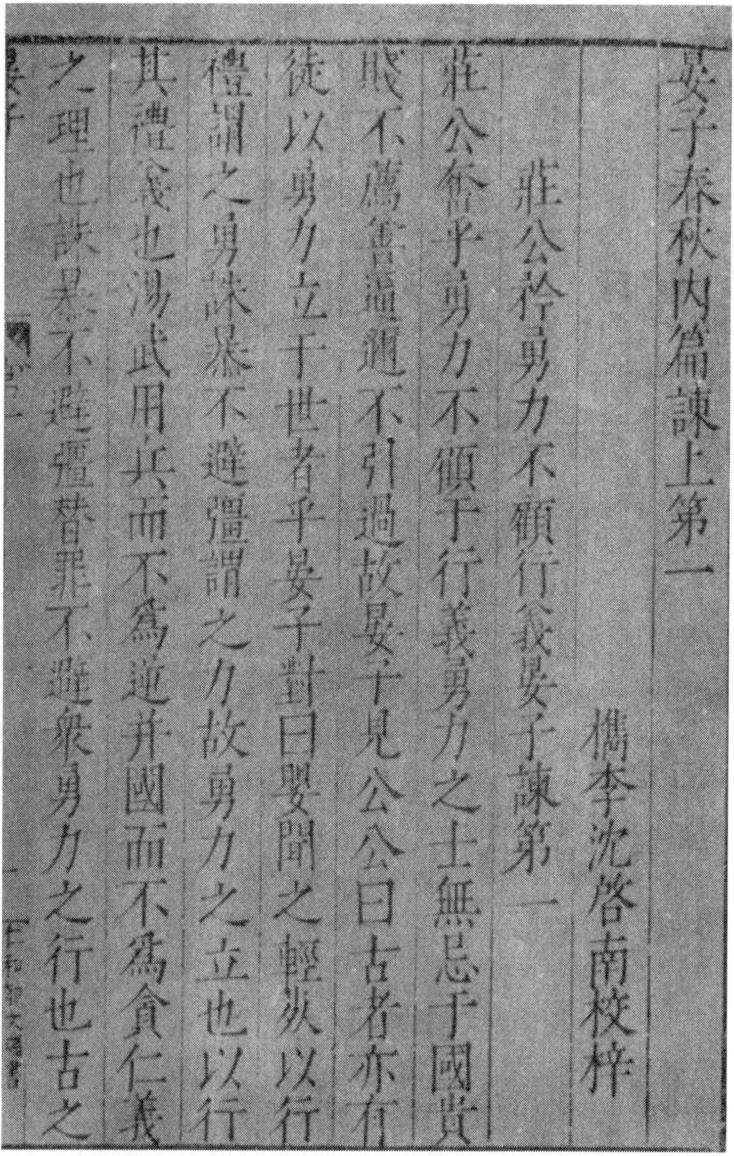

晏子春秋內篇諫上第一

檇李沈啓南校梓

莊公矜勇力不顧行義晏子諫第一

莊公奮乎勇力不顧于行義勇力之士無忌于國貴戚不薦善逼邇不引過故晏子見公公曰古者亦有徒以勇力立于世者乎晏子對曰嬰聞之輕死以行禮謂之勇誅暴不避彊謂之力故勇力之立也以行其禮義也湯武用兵而不為逆并國而不為貪仁義之理也誅暴不避彊替罪不避衆勇力之行也古之

沈啟南校刻本晏子春秋（故宮博物院藏）

晏子春秋卷之一

新都　黃之寀　校

內篇　諫上第一

莊公矜乎勇力不顧于行義勇力之士無忌于國貴戚不薦善逼邇不引過故晏子見公公曰古者亦有徒以勇力立于世者乎晏子對曰嬰聞之輕死以行禮謂之勇誅暴不避彊謂之力故勇力之立也以行其禮義也湯武用兵而不為逆并國而不為貪仁義之理也誅暴不避彊替罪不避眾勇力之行也古之

日本翻黃之寀校本晏子春秋（故宮博物院藏）

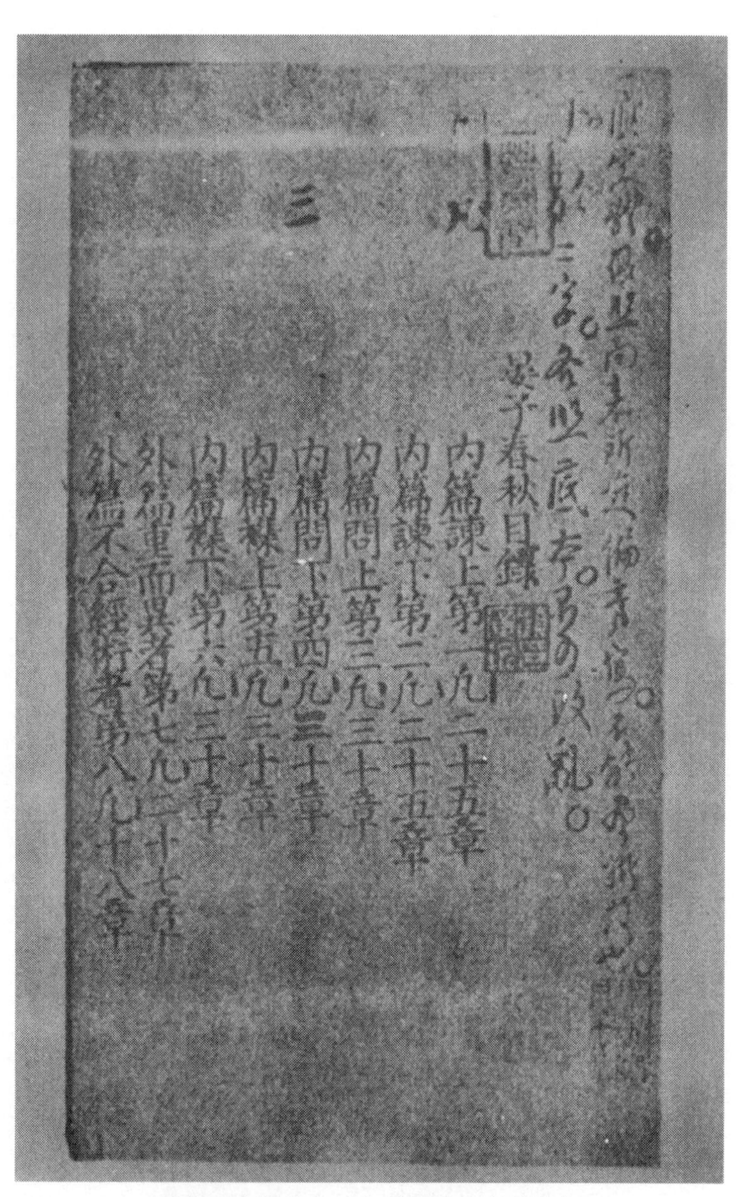

晏子春秋目錄

顧廣圻手校景元鈔本（鐵琴銅劍樓藏）

序例

晏子之學前修論之，忽子忽史，時儒時墨，大義乖違，亦已久矣！書又古無善本，譌誤間出，聲音代變，通叚難明，風俗殊尚，事意參差。是故雖有訓詁疏證之功，而反昧精微幼眇之旨。今玆撢研，敬持五例，不敢求陵越前賢，但期於寡過而已：

一、晏子春秋古無善本，今所述作，原文皆據張純一校注本爲準，有猶豫難定者，以明活字本與清經訓堂本參校刊正；至於援引舊說，用弼宏旨，均案作者時代之前後，先錄姓氏，再竟文義，務期比類合誼，以歸至當。

二、窮理貴乎「集思廣益」。既須衍繹原著以推展大義，復得歸納群言以闡發微旨，但遇滯凝難通者，輒又就謭陋所知，列入後案，以資參考，蓋取詩稱嚶求，易言麗澤之義，是非然否，俟諸公論，不敢固也。

三、西學東漸之後，言學術思想者，每喜相沿新辭，以合時尚，然中土聖哲，其精理微言，多卓然成家，不可牽合。故今著晏子之學術思想，特避西方哲學之名詞，仍沿諸子之舊例，隨篇標目，取便閱覽；冀免生吞活剝之嘲，復收名正言順之實，決非有抑揚之意寓乎其間也。

四、讀古人書，不可不知人論世，尤以晏子重力行而蔑空言，儉自奉而厚施人，是以本編對其行事之迹，經世之志，特爲發揚。期懲時下支離騁說，空疏失本之弊。

五、晏子之學，雖不若孔孟之道博大精深，但其作始之功，亦自績不可沒。愚雖欲發微闡幽，以繼不傳；然秉筆爲言，輒有不能曲暢其懷之憾。幸吾夫子高師仲華敎澤廣被，不辭曲士，蒙其鴻裁衆篇，斧藻羣言，如書中義有可采，皆吾師循循善誘之功也。

晏子春秋研究

目次

第六章　晏子春秋之文辭……………一七三

晏子春秋研究重要參考書目…………一九三

第一章 緒 論

晏子春秋研究寫作緣起

一、表章沈墜，補綴絕學：

一時代有一時代之學術思想，有爲者承前修之統緒，開後進之光河，總當代之思潮，啓學術之新運；周公因成湯文武之洪規，制禮儀以經邦國，（尚書大傳曰：「周公居攝六年，制禮作樂」），張楫進廣雅表曰：「昔在周公，繼述唐、虞，宗翼文、武，克定四海，勤相成王，六年制禮，以導天下。」日本渡邊秀方中國哲學史概論云：「周公旦英傑的質，較父兄有過無不及，其才氣之所煥發，周代文質彬彬的文化基礎，遂以成就。」）其宰制天下，風流百代，允爲哲學之冠冕。（謝无量中國哲學史：「希臘柏拉圖著新共和國，謂當以哲學家宰制天下，而主政教，蓋僅出於想望，非謂爲可見諸事實也。獨吾國自犧農以來，以至堯、舜，皆以一世之大哲，出任元首，故在中國歷史中，爲治化最隆之世，後世靡得而幾焉。」柳詒徵中國文化史云：「伏犧僅畫卦象，無文字，堯、舜僅修道德，亦無著作，以哲學家宰制天下者，惟文王周公耳。」洎乎東周，大道既隱，列國競存，管夷吾相齊桓公，九合諸侯，一匡天下，通貨積財以富國，作內政寄軍令以强兵；其書固叢殘綴輯。（劉恕通鑑外記引傅玄曰：「管子半為後之好事者所加，輕重篇，尤鄙俗。」孔穎達曰：「輕重篇或是後人所加。」晁公武曰：「其書載管仲對桓公語，疑後人續之。」葉適曰：「管子非一人之筆，亦非一時之書，莫知誰所為。」周氏涉筆曰：「管子一書，雜說所叢。」黃震日抄曰：「管子書不知誰所集，乃龐雜重複，以不出一人之手。」更生案：「管子由雜集而成，前賢論者甚多，除以上列舉者外，尚見宋濂諸子辨，姚際恒古今偽書考、以及嚴可均鐵橋漫稿，今人如蔣伯潛諸子通考，呂思勉經子解題等。煩不備引。」）然後世法家，則依託其學以自高。（韓非子五蠹篇曰：「今境內之民皆言治，藏管商之法者，多有之。」林師景伊中國學術思想大綱先秦諸子曰：「管仲相齊桓公，霸諸侯。通貨積財以富國，作內政寄軍令以強兵。尊王攘夷，一匡天下。雖其學術，未與法家之說盡相符合，然其致治之功，任法之道，實已為法家之權輿，故當時法家者流，以依託管仲而自高。」）晏子生逢王綱解紐，政入私門之會，毅然抱道自重，不僅學可為後世法；（見劉向晏子春秋敘錄語）行亦足為天下則。（見本書第五章晏子思想之探究）故周公、管仲之後，宣尼以前，春秋之士，晏子一人而已。而周公、管、孔之道，代有發揚，炳炳琅琅，若晨星之爛然，獨晏子之學，尚霾沒於荒煙蔓草間，致令史生闕文，（更生案：新舊印行之中國哲學史，或學術史、文化史中言晏子思想者，均不多覯）世有遺賢，此吾所以研究晏子春秋者，一也。

二、董理國故，明理致用：

孔子曰：「溫故而知新，可以爲師矣。」（論語為政篇）易彖曰：「天地之道，恒久而不已也。利有攸往，終則有始也；日月得天而能久照，四時變化而能久成，聖人久於其道，而天下化成。」（易經恒卦）變起於常，新出乎故。夫拔地之木，長於一子之微；垂天之鵬，育於一卵之細；而學術思想者，其推陳出新之情亦如之。況神州奧曲，開化獨早，政教彪炳，學術繁富，持較域外，雖長短互著，要未至於淘汰之列。諸如：明五倫，叙三德之倫理思想。（中庸云：「天下之達道五，所以行之則三，君臣也，父子也，夫婦也，昆弟也，朋友之交也，五者天下之達道也。知、仁、勇三者天下之達道也。」）民貴君輕之民本思想。（孟子盡心下曰：「民為貴，社稷次之，君為輕，是故得乎丘民為天子，得乎天子為諸侯，得乎諸侯為大夫。」）三表立言之名學思想。（墨子非命篇下曰：「是故言有三法，何謂三法？曰：『有考之者，有原之者，有用之者。』惡乎考之，考先聖王之大事，惡乎原之，考衆人耳目之情，惡乎用之，發而為政乎國，察萬民而觀，此謂三法也。」）循名責實之法治思想。（管子卷十三白心篇：「名正法備，則聖人無事。」入國篇曰：「修名而督實，按實而定名，名實相生，反相為情，名實當則治，不當則亂。」韓非子楊榷篇曰：「用一之道，以名為首，名正物定，名倚物徙，故聖人執一以靜，使名自命，令事自定，不見其采，下故素正，因而任之，使自事之，因而予之，使將自舉之，正與處之，使皆自定之，上以名舉之，不知其名，復修其形，形名參同，用其所生，二者誠信，下乃貢情……君操其名，臣效其形，形名參同，上下和調也。」）等，皆恒久之至道，歷萬古而常新者也。晏子目睹世變日亟，於是法先王而崇禮制，其推天人相與之理，合上下古今之宜，以構成體系完備之思想，至於務實際而求致用，尤足拯空疏之流弊。值玆西學東漸之日，吾不患外國學術思想之輸入，惟患本國學術思想之凋敝。此吾所以研究晏子春秋者，二也。

三、撢研古道，以畜其德：

易象曰：「君子多識前言往行，以畜其德。」孟子言：「三代之學，皆所以明人倫也。」故先聖之語人也，必先啓之以明德，律之以修己，而後其身乃範圍乎彝倫庸行之間，而自無過不及之弊，然後推其盡性至命之理，建諸彝憲而皆準，宣之庠序而罔不通。雖極至位天地，育萬物，要不過內天下於正心修身之途而已。晏子內得心之誠，外知事之情，（見晏子春秋內篇問下第十三章。）嚴以律己，寬以待人，其嘉言懿行，足以綱紀世界。今天下鼎沸，大戰方殷，人心陷溺，物慾橫流，實尤倍烈於春秋戰國之時，故吾人不言治亂持危則已，否則，發晏子之潛德，顯先喆之幽光，實乃己立立人，己達達人（見論語雍也篇）之急務。此吾所以研究晏子春秋者，三也。

晏子春秋研究寫作之途徑：

一、由知人論事以洞觀其精神所繫：

孟子萬章：「頌其詩，讀其書，不知其人，可乎？是以論其世也，是尚友也。」誠以我國古聖先哲，其一切思想多寓於倫理之中，故特重實踐。晏子言忠信，行篤敬，公而忘私，約以濟物，如不觀其行事，則幾無以知其精神之所繫，是以本文首撰晏子傳略，以會觀其生平，繼附年表，以分判其行迹，然後執此以證晏子之學，以求晏子之心，當如日月之皎然。

二、由旁徵博引以考辨其著作之源：

秦皇滅典，群言淆亂，懸疣附贅，假託實繁，先秦典籍之存於班志者，亡慮十之六七；洎乎隋文，牛弘請開獻書表，稱書經五厄。（見隋書經籍志、牛弘傳曰：「秦皇馭宇，……始下焚書之令……一厄也。王莽之末，長安起兵，宮室圖書，並從焚毀……二厄也。……孝獻移都，西京大亂，一時燔蕩……三厄也。劉石憑陵，京華覆滅，從而失墜……四厄也。蕭繹據有江陵……江表圖書，因斯盡萃於繹矣，及周師入郢，繹悉焚之於外城，……五厄也。……）隋唐以降，被災尤多。（明胡應麟經籍會通有云：「牛弘所論五厄，皆六代前事，隋開皇之盛極矣，未幾皆燼於廣陵，唐開元之盛極矣，俄頃悉灰於安史。肅代二宗，洊加鳩集，黃巢之亂，復致蕩然。宋世圖史，一盛於慶曆，再盛於宣和，而女真之禍成矣，三盛於淳熙，四盛於嘉定，而蒙古之師至矣。然則書自六朝之後，復有五厄，大業一也，天寶二也，廣明三也，靖康四也，紹定五也，通前為十厄矣。」）好事者，遂贗書代作，大方之家，一笑揮之，而衒奇之夫，輒驟揭而深信之；於是僞品充斥，眞本失傳。以此好古深思之士多憂之，而立覈僞別眞之法。（見四書正譌有云：「凡覈僞書之道，覈之七略以觀其源，覈之羣志以觀其緒，覈之並世之言以觀其述，覈之文以觀其體，覈之事以觀其時，覈之撰者以觀其托，覈之傳者以觀其人，覈茲八者，而古今贗籍，無隱情矣。」）夫晏子春秋，前儒多有所考，但異說紛糅，半屬意氣，本文首綜舊說，繼述己見，列七論以索源流，設客問以息群疑，發義例以辨眞僞，倘亦能解前人之惑歟！

三、由比校異同以究明其所屬學派：

眞僞既判，則晏子所屬學派亦可相沿而得，故條別歷代學者之崇論，歸爲「儒家說」，「墨家說」，「改子入史說」，有持見殊異，不同衆流者，則另列「其他」以範之。然後同中觀異，異中求同，印證本文，出以臆說，總結五論，以證晏子學儒者之學，行儒者之業，其書類歸諸子，而非史傳，晏子學術之地位，於此殆可確立。

四、由抉擇歸納以整理其學術思想：

考辨源流，參校異同既竟，則從而據晏子春秋本文，抽繹精蘊，放失浮濫，條其綱領，分列細節，並沿諸子標目之舊例，總分八項，以整理晏子之學術思想，曰天道、曰鬼神、曰生死、曰倫理、曰政治、曰理財、曰外交、曰修養方法。

五、由割情析釆以推衍其寫作體式：

晏子春秋結體於戰國，成書於秦、漢，（說見本文晏子春秋考辨）故其書章法參差，辭多隱借，重以魯魚亥豕，未易臆度，是以參合善本，索討其文辭眞象，割情析釆…闡明其筆法變化。然後推定其寫作體式，以示來者造文之準則。故是編首列句法，次述韵語，取喻，並以語助詞示例殿於文末，此不僅可窺晏子結體爲文之大要，亦可從而因句求文，因文求義，開卷了然，不病齟齬矣。

作者之感想與期望：

諸子特國學之一環耳。漢末大儒，以解經之功多，研術之效少，故時歷二千年，諸子書如晏子春秋者，尚訛誤殘缺，眞僞雜出，良可慨已！吏生不敏，寢饋於晏子者經年，每有所得，輒筆錄之，積累既久，竟以成帙。竊念：倘能因是編之成，而使晏子之志業光大於世，於今之世道人心亦有所裨益，則於願足矣。嗚呼！哲人云遠，典型尚在，余於晏子竊有所忻慕焉！

第二章　晏子傳略及其年表

第一節　晏子傳略

晏子名嬰，謚平仲，萊之夷維人（劉向敘錄云：「晏子名嬰謚平仲。」漢書藝文志班固自注：「名嬰謚平仲。」此兩說最可信。世說新語德行注引劉向別錄云：「晏平仲名嬰。」史記索隱云：「名嬰，平謚，仲字。」三國志曹真傳，晉書陸雲傳又曰：「晏平。」俱與前說異，可存備參。史記管晏列傳曰：「萊之夷維人也。」正義引晏氏齊記曰：「齊城三百里有夷安，卽晏平仲之邑，漢為夷安縣，屬高密國，應劭云：「故萊夷維邑。此云故者，是漢不名夷維可知。」劉向敘錄云：萊者，今東萊地也，今東萊地者，正以今名釋古名，漢之夷安，卽古之夷維也。」）桓子弱之子。（史記索隱云：「父桓子，名弱也。」禮記檀弓下孔穎達正義云：「其父晏桓子是大夫。」左傳宣公十四年杜注：「桓子，晏嬰父。」左傳襄公十七年傳曰：「齊桓公卒，晏嬰麤縗斬。」杜注：「桓子，晏嬰父也。」日本竹添光鴻左傳會箋宣公十四年箋云：「桓子，晏嬰父。」）以邑爲氏。世系無考；或謂齊公族，非也。（日本竹添光鴻左傳會箋宣公十四年箋云：「晏以邑為氏，世系無考，或以為齊公族，非也。晏子春秋六云，景公有愛女，請嫁于晏子，若是公族，景公不當婚同姓，晏子不僅以不負託辭已，今山東濟南府齊河縣北二十五里有晏城，志云：齊晏嬰采邑也，今縣治有晏城馬驛，蓋以此城名，補碑宋本晏子無。」清康熙齊東縣志云：「晏城，縣西北二十五里。為齊晏子采邑，今依舊址為鎮，晏城驛亦以此名。」于鬯香草校書云：「春秋時齊晏氏為齊世民，嬰父弱，謚桓子，桓子以上無聞焉，管子大匡篇有晏子。房玄齡注：但謂平仲之先，不能實其人，其家世之微，亦可見矣。」事靈公、莊公、景公，節儉力行，盡忠極諫，不出尊俎之間，折衝千里之外，使于四方，不辱君命。（晏子春秋雜上晉欲攻齊，使人往觀，晏子以禮侍而折其謀，仲尼聞之曰：「善哉，不出尊俎之間，而折衝于千里之外，晏子之謂也。」問下：吳王問保威強不失之道，晏子對以「先民後身，先施後誅，貴不凌賤，富不傲貧，不以威強退人之君，不以衆強兼人之地。」吳王忿然作色不説，晏子請辭而行，遂不復見，問下：晏子使魯，魯君問何事回曲之君，晏子對以庇族，昭公語人曰：「晏子可謂仁人矣。」問下：晏子使晉，晉平公問齊君德行高下，晏子對以小善。平公蹴然而辭，送，再拜而反曰：「殆哉吾過，誰曰齊君不肖，直稱之士，正在本朝也。」雜下：晏子使吳，吳王命儐者稱天子晏子蹴然者三，曰：「臣受命弊邑之君，將使于吳王之所，以不敏而迷惑，入于天子之朝，敢問吳王惡乎存。」然後吳王曰：「夫差請見，見之以諸侯之禮。」雜下晏子使楚楚為小門，晏子稱使狗國者入狗門。」）初，晉伐齊，靈公與戰靡下，齊師敗走，晏嬰曰：「君亦無勇，何不止戰？」（史記晉世家：「平公元年，伐齊，齊靈公與戰靡下，齊師敗走，晏嬰曰：君亦無勇，何不止戰。遂去，晉追，遂圍臨淄盡燃燒屠其郭中，東至膠、西至沂、齊皆城守、晉乃引兵歸。」）二十六年桓子卒，嬰居喪，麤衰，斬，苴絰帶，杖，菅屨，食粥，居倚廬，寢苫枕草。家老曰「非大夫喪父之禮也。」晏子曰：「唯卿爲大夫。」（晏子春秋雜上，晏子居喪，遜答家老，仲尼善之。）可謂遜辭以避咎，敦厚以崇禮矣。其祀先人，豚肩不揜豆，澣衣濯冠以朝，人或以爲隘，曾子曰：「國無道，君子恥盈禮焉，國奢則示之以儉，國儉則示之以禮」。（見禮記檀弓下禮器。）及晉大夫欒盈得罪奔楚，晉于是會諸侯于商任以錮之。莊公三年，盈自楚來奔，晏子言于公曰：「商任之會，受命於晉，今納欒氏，將焉用之；小所以事大，信也。失信不立，君其圖之。」弗聽。遂退告陳文子曰：「君人執信，臣人執共，忠信篤敬，上下同之，天之道也。君自棄之，弗能久矣。」公會晉侯于沙隨，復錮欒氏，而欒氏時猶在齊，晏子曰：「禍欲作矣，晉將來伐，不可以不懼。」（左襄二十二、二十三年文，晏子春秋問上，莊公問伐晉，晏子對以不可，若不濟，國之福。」）逾年，晉師果伐齊，以報朝歌之役。六年，崔杼以莊公通其妻而殺之。晏子聞難往赴，立於崔氏之門外，從者曰：「死乎？」曰：「獨吾君也乎哉？吾死也？」曰：「行乎？」曰：「獨吾罪也乎哉？吾亡也？」曰：「歸乎？」曰：「吾君死安歸？君民者豈以陵民，社稷是主；臣君者豈爲其口實，社稷是養；故君爲社稷死則死之，爲社稷亡則亡之，君若爲已死而爲已亡，非其私暱，孰能任之。且人有君而弑之，吾焉得死之，而焉得亡之，將庸何歸！」門啓而入，枕尸股而哭，興，三踊而出。人謂崔子必殺之，崔子曰：「民之望也，舍之得民。」（見左傳襄公二十五年文，晏子春秋雜上，莊公不用晏子，晏子致邑而退，後有崔氏之難，呂氏春秋知分，韓詩外傳一，新序節士，均載此事。）景公立，崔杼爲左相，慶封爲右相，懼國人不服，則劫諸將軍、大夫、顯士、庶人于太宮之坎上，令無得不盟者；爲壇三仞，埳其下，以甲千列環其內外，盟者皆脫劍而入，惟晏子不肯，崔杼許之。於時有敢不盟者，戟鉤其頸，劍承其心，令自盟曰：「不與崔、慶而與公室者受其不祥，言不疾，指不至血者，死。」所殺七人，次及晏子；晏子奉血仰天歎曰：「嗚呼！崔子爲無道而殺其君，不與公室而與崔、慶者受此不祥。」俛而飲血。崔杼謂晏子曰：「子變子言，則齊國吾與子共之，子不變子言，戟既在脰，劍既在心，維子圖之也。」晏子曰：「劫吾以刃而失其志，非勇也；回吾以利而悖其君，非義也；雖曲刃鉤之，直兵推之，嬰不革矣。」詩云：「羔裘如濡，恂直且侯，彼己之子，舍命不渝。」（晏子春秋雜上，崔慶劫齊將軍大夫盟，晏子不與。）平仲以忠信爲甲胄，以禮義爲干櫓，戴仁而行，抱義而處，是以無往而不自得也。及慶氏敗，分其邑，公與晏子邶殿，其鄙六十，弗受。子尾曰：「富，人之所欲也；何獨弗欲？」對曰：「慶氏之邑足欲，故亡；吾邑不足欲也，益之以邶殿足欲，足欲，亡無日矣；在外不得宰我一邑，不受邶殿，非惡富也，恐失富也。且夫富，如布帛之有幅焉，爲之制度，使無遷也。夫民生厚而用利，於是正德之幅之，使無黜嫚，謂之幅；利過則爲敗，吾不敢貪多，所謂幅也。」（晏子春秋雜下，子尾疑晏子不受慶氏之邑，晏子謂足欲則亡。左傳襄公二十八年文。）夫邦無道，危行言遜，晏子欲而不貪，泰而不驕，詩云：「既明且哲，以保其身。」其用心亦深遠矣。景公四年，吳季札來聘，見晏子，相得甚歡，說其納邑與政，故因陳桓子以納之，（晏子春秋雜下，景公祿晏子平陰與稾邑，晏子願行三言以辭。左昭二年傳曰：「吳公子札……聘于齊，說晏平仲，謂之曰：「子速納邑與政，無邑無政，乃免于難，齊國之政，將有所歸，未獲所歸，難未歇也。」故晏子因陳桓子以納邑與政，是以免於欒、高之難。）後得免於欒、高之難。九年，公使晏子請繼室於晉，韓宣子使叔向對曰：「寡君之願也。」既成昏，晏子受禮，叔向從之宴，相與語，叔向曰：「齊其何如？」晏子曰：「此季世也，君弗知，齊其爲田氏乎；公棄其民而歸於田氏，齊舊四量，豆、區、釜、鍾；四升爲豆，各自其四，以登於釜，釜十則鍾，田氏三量皆登一焉，鍾乃巨矣，以家量貸，以公量收，山木如布，弗加於山，魚、鹽、蜃、蛤，弗加於海，民參其力，二入於公，而衣食其一，公積朽蠹，而三老凍餒，國之諸市，屨賤而踊貴，民人痛疾，或燠休之，今公室驕暴，而田氏慈惠，其愛之如父母，而歸之如流水，欲無獲民，將焉避之。」叔向曰：「然，雖吾公室，今亦季世也，戎馬不駕，卿無軍行，公乘無人，卒列無長，庶民罷敝，而公室滋侈，道殣相望，而女富溢尤，民聞公命，如逃寇讎，欒、郤、胥、原、狐、續、慶、伯，降在皂隸，政自家門，民無所依，君日不悛，以樂慆憂，公室之卑，其何日之有！」晏子曰：「子將若何？」叔向曰：「人事畢矣，待天而已矣；晉之公族盡矣，肸聞之，公室將卑，其宗族枝葉先落，則公室從之，肸之宗十一族，唯羊舌氏在而已。肸又無子，公室無度，幸而得死，豈其獲祀焉。」叔向問晏子曰：「齊國之德衰矣，今子若何？」對曰：「嬰聞事明君者竭心力以沒其身，行不逮則退，不以誣持祿；事惰君者，優游其身以沒世，力不能則去，不以諛持危，進不失忠，退不失行，不苟合以隱忠，不持利以傷廉。」叔向曰：「善哉！詩有之，『進退維谷。』其此之謂與！」（日本竹添光鴻左傳會箋左昭三年箋曰：「姜炳章曰，此為六卿專晉，陳氏篡齊一大冒，前段是請婚成婚，中段是閔時憂國，二君不能自強，同一病根，蓋晉用六卿，齊用雅尾陳氏，而以請婚成婚等事，使兩賢往還，含淚為歡，強顏從事，苦衷早已默喻也。叔向有問，晏子於知己之前，盡情傾吐，以公之棄民，陳氏得民互寫，卻不歸罪陳氏，蓋民之歸陳，由公毆之，不然何愛如父母，而歸如流水哉，有嫗如許，祖宗靈爽陰跽於齊，而太公、丁公立見其不祀，老臣至此，真無淚可揮矣。叔向先寫公室之卑，由於君之失德色荒故公室侈，役繁故民罷敝，是一串事，寫到八姓舊臣降為皁隸，可知此日私門，更無牽制，欲移晉不過一舉手之易，直與晏子之言，同聲一哭也。然晏子身相齊國，叔向日侍君左右，非疏逖之臣之比，何以目擊其危，束手無策，蓋由二君平日不能任用故也。」）初，公欲更晏子宅曰：「子之宜近市，湫隘囂塵，不可以居，請更諸爽塏者。」辭曰：「君之先臣容焉，臣不足以嗣之，於臣侈矣，且小人近市，朝夕得所求小人之利也，敢煩里旅。」公笑曰：「子近市，識貴賤乎？」對曰：「既竊利之，敢不識乎。」公曰：「何貴？何賤？」是時也，公方繁刑，有鬻踊者，故對曰：「踊貴而屨賤。」公愀然改容，以是省刑焉。晏子在晉，公為毀鄰益宅，反則成矣，既拜，迺毀之，而為里室皆如其舊，則使宅人反之。且曰：「『非宅是卜，唯鄰是卜。』二三子先卜鄰矣，違卜不祥，君子不犯非禮，小人不犯不祥，古之制也，吾敢違諸乎？」卒復其舊宅，公弗許，因陳桓子以請，迺許之。公孫竈卒，司馬竈見晏子曰：「又喪子雅矣！」晏子曰：「惜也！子旗不免，殆哉！姜族弱矣，而媯將始昌，二惠競爽猶可，又弱一個焉，姜其危哉！」十二年，齊侯如晉，請伐北燕。臘月，齊侯因晉侯之許伐北燕，將納簡公。晏子曰：「不入，燕有君矣，民不離貳，吾君貪賄，左右諂諛，作大事不以信，未可也。」十六年，欒、高、陳、鮑之亂，高彊欲得公以自輔，遂攻虎門，晏平仲端委立于虎門之外，四族爭延，無所往。門開，公召入，及欒、高不勝，奔晉，桓子欲分其家以告晏子，晏子曰：「不可，君子不能飭法而群臣專制，亂之本也。今欲分其家，利其貨，是非制也，可必致之公。且嬰聞之：廉者，政之本也；讓者，德之主也；欒、高不讓，以至此禍，可毋慎乎。廉之謂公正，讓之謂保德，凡有血氣者皆有爭心，怨利生孽，維義爲可以長存；且分爭者，不勝其禍，辭讓者，不失其福。」桓子以是盡致諸公而歸老于劇。二十六年，公獵魯界，因與晏嬰入魯問禮於孔子。孔子以爲禮變而從時，不法之禮，唯晏子爲能行之。冬，公疥遂痁，期而不瘳。諸侯之賓問疾者多在，梁丘據與裔款言於公曰：「吾事鬼神豐，於先君有加矣，今君疾病爲諸侯憂，是祝史之罪也，諸侯不知，其謂我不敬，君盍誅於祝固史嚚以辭賓？」公說，告晏子，晏子曰：「君以祝爲有益乎？」公曰：「然！」晏子免冠曰：「若以爲有益，則詛亦有損也。忠臣擁塞，諫言不出，臣聞之，近臣嘿，遠臣瘖，衆口鑠金，今自聊、攝以東，姑、尤以西者，此其人民衆矣，百姓之咎怨誹謗，詛君于上帝者多矣，一國詛，兩人祝，雖善祝者不能勝也；且夫祝直言情，則謗吾君也，隱匿過，則欺上帝也，上帝神則不可欺，上帝不神祝亦無益，願君察之也。不然，刑無罪，夏商所以滅也。」公曰：「善解予惑。」加冠，命譴毋治齊國之政，梁丘據毋治賓客之事，兼屬之乎晏子。晏子辭，不得命。十二月，公由于沛，既還，晏子侍于遄臺，子猶造焉。公曰：「唯據與我和夫？」晏子對曰：「據亦同也，焉得爲和。」公曰：「和與同異乎？」對曰：「異，和如羹焉，水、火、醯、醢、鹽、梅，以烹魚、肉，燀之以薪，宰夫和之，齊之以味，濟其不及，以洩其過，君子食之，以平其心，君臣亦然，君所謂可，而有否焉，君獻其否，以成其可，君所謂否，而有可焉，臣獻其可，以去其否，是以政平而民不干，民無爭心，故詩曰：「亦有和羹，既戒且平，鬷嘏無言，時靡有爭。』先生之濟五味，以平其心，成其政也，聲亦如味，一氣、二體、三類、四物、五聲、六律、七音、八風、九歌，以相成也，清濁、大小、短長、疾徐、哀樂、剛柔、遲速、高下、出入、周疏，以相濟也，君子聽之，以平其心，心平德和，故詩曰：『德響不瑕。』今據不然，君所謂可，據亦曰可，君所謂否，據亦曰否，若以水濟水，誰能食之，若琴瑟之專壹，誰能聽之，同之不可也如是。」繼而公望齊國感嘆曰：「嗚呼！使古而無死若何？」晏子曰：「昔日上帝以人之死爲善，仁者息焉，不仁者伏焉，若使古而無死，太公、丁公將有齊國，桓、襄、文、武將皆相之，君將戴笠衣褐執銚耨，以蹲行畎畝之中，孰暇患死。」三十一年秋九月，公唁魯侯於野井曰：「子之年甚少，奚道至於此乎？」昭公對曰：「吾少之時，人多愛我者，吾體不能親；人多諫我者，吾忌不能從；是以內無拂而外無輔，輔拂無一人，諂諛者甚衆，譬之猶秋蓬也，孤其根而美枝葉，秋風一至，僨且揭矣。」景公辯其言以語晏子曰：「使是人反其國，豈不爲古之賢君乎？」晏子對曰：「不然，夫愚者多悔，不肖者自賢，溺者不問隊，迷者不問路，溺而後問隊，迷而後問路，譬之猶臨難而遽鑄兵，臨噎而遽掘井，雖速亦無及已。」三十有二年，齊有彗星，景公使祝禳之。晏子曰：「不可，此天教也；日月之氣，風雨不時，彗星之出，天爲民之亂見之，故詔之妖祥，以戒不敬。今君若設文而受諫，謁聖賢人，雖不去彗，星將自亡。今君嗜酒而並于樂，政不飭而寬于小人，近讒好優。惡文而疏聖賢人，何暇去彗。」公與晏子坐于路寢，公嘆曰：「美哉室！其誰有此乎！」晏子曰：「敢問何謂也？」公曰：「吾以爲在德。」對曰：「如君之言，其陳氏乎。」公曰：「是可若何？」對曰：「維禮可以已之。其在禮也，家施不及國，民不懈，貨不移，工賈不變，士不濫，官不諂，大夫不收公利。」公曰：「善哉！今知禮之可以爲國也！」對曰：「禮之可以爲國也久矣！與天地並立。」君令臣忠，父慈子孝，兄愛弟敬，夫和妻柔，姑慈婦聽，禮之經也；君令而不違，臣忠而不貳，父慈而教，姑慈而從，婦聽而婉，禮之質也。』公曰：「善哉！寡人迺今知禮之尚也。」對曰：「夫禮先王之所以臨天下也，以爲其民，是故尚之。』時燕之游士有泯子午者，南見晏子于齊，言有文章，術有條理，巨可以補國，細可以益身，睹晏子恐懼不能言，晏子假之以悲色，開之以禮顏，使能盡其復也。客退，晏子直席而坐，廢朝移時。從者曰：「嚮者燕客侍夫子，胡爲憂也？」晏子曰：「燕萬乘之國也，齊千里之塗也，泯子午以萬乘之國爲不足說，千里之塗爲不足遠，則是千萬人之上也，且猶不能憚其言于我，況于齊人之懷善而死者乎？吾所以不得睹者，豈不多矣，然吾失此，何功之有也！」其虛已禮賢若是！迨晏子卒，景公伏尸而號曰：「子大夫日夜責寡人，不遺尺寸，寡人猶且淫佚而不收，怨罪重積于百姓。今天降禍于齊，不加于寡人，而加于夫子，齊國社稷危矣，百姓將誰告夫！」嗚呼！百世之後，追惟前哲，猶可想見其爲人。孔子曰：「君雖不諒於臣，臣不可以不諒於君，是故君擇臣而使之，臣擇君而事之，有道順命，無道衡命，晏平仲之行也。」（見大戴禮記衞將軍文子篇）

贊曰：「晏子哭亡君，安危國，而不私利焉；僇崔杼之尸，滅賊亂之徒，而不獲名焉；終其身，使齊外無諸侯之憂，內無國家之患，不伐功焉，鍖然不滿，退託于族，時君美之（（見晏子春秋問下，晏子使魯君問何事回曲之君，晏子對以庇族）。況其博聞強識，學貫古今（見劉向晏子春秋敍錄），値封建解體之際，禮散樂崩之時，順美匡惡，盡忠極諫，巋然獨立，抱道自量，上承先王之遺制，下啓百聖之弘規，宣聖許其交久益敬（見論語公冶長篇），史遷願忻爲執鞭（見史記管晏列傳太史公贊），良有以也。後世傳其學者，薈其生平學說，都爲晏子春秋，以成一家之言；書中多合六經之義（見劉向晏子春秋敍錄），誠治事之津梁，不刊之名敎也。

第二節　晏子年表

晏弱（謚桓子）——晏嬰（謚平仲）——晏氂
　　　　　　　　　　　　　　　　　晏圉

晏子諱嬰謚平仲，其先世仄陋貧賤，窮處市井（見晏子春秋雜下，晏子布衣棧車而朝，陳桓子侍景公飲酒請伐之。及同篇第二十一、二十二、二十三各章，雜上，景公欲見高糾，晏子辭以祿仕之臣。及同篇第二十九等章中可以窺其家世）；故自稱爲齊世民，不維其行，不識其過，不能自立（見晏子春秋外下，仲尼之齊見景公而不見晏子、子貢致問第四。）。至父弱始事頃公、靈公二君；頃公四年，弱與公孫歸父言魯樂，知子家必亡，（左宣十四年文：「頃公四年冬，公孫歸父會齊侯於穀，見晏桓子，與之言魯樂，晏桓子告高宣子曰：子家其亡乎，懷於魯矣，懷必貪，貪必謀人，謀人，人亦謀己，一國謀之，何以不亡。」）後因晉來徵，與高固、蔡朝、南郭偃、與會，勇義篤禮，冒險犯難（左宣十七年文：「齊侯使高固、晏弱、蔡朝、南郭偃會，及斂盂、高固逃歸。夏，會于斷道，討貳也。盟于卷楚，辭齊人，晉人執晏弱于野王，執蔡朝于原，執南郭偃于溫，苗賁皇使見晏桓子，歸言于晉侯曰：『夫晏子何罪，昔者諸侯之事吾先君，皆如不逮，擧言羣臣不信，諸侯皆有貳志，齊君恐不得禮，故不出而使四子來，左右或沮之，曰君不出，必執吾使，故高子及斂盂而逃，夫三子者曰，若絕君好，寧歸死焉，為是犯關而來，吾若善逆彼，以懷來者，吾又執之，以信齊沮，吾不既過矣乎，過而不改，而又久之，以成其悔，何利之有焉，使反者得辭，而害來者，以懼諸侯，將焉用之！』晉人緩之，逸。」）靈公立，十有一年，弱城東陽以逼萊子，圍棠以遷萊於郳，功在社稷，齊侯高之，遂食采於晏（見左襄二年文，「夏齊侯使諸姜宗婦來送葬，召萊子，萊子不會，故晏弱城東城以逼之。」左襄六年文：「十一月齊侯滅萊，萊恃謀也，四月，晏弱城東陽而遂圍萊，甲寅堙之環城，傅於堞，及杞桓公卒之月，乙未，王湫師師及正輿子棠人軍齊師，齊師大敗之，丁未入萊，萊共公浮柔奔棠，正輿子王湫奔莒，莒人殺之，四月，陳無宇獻萊宗器于襄宮，晏弱圍棠。十一月丙辰而滅之，遷萊於郳，高厚崔杼定其田。」清康熙齊東縣志云：「晏城，縣西北二十五里，為齊晏子采邑，今依舊址為鎮，晏城驛亦以此名。」）。

晏子不自著述，今其書皆後之忻慕其學者，演其行事，采掇軼聞，撮合經傳而為之也。故其生卒年月多不可考，但徵諸實事，參驗成說，則晏子蓋生於齊頃公十年，卒於景公四十八年（參閱晏子春秋史記世家，十二諸侯年表，及今人蔣伯潛氏諸子通考，錢賓四先生先秦諸子繫年），壽約九旬，故其書多言老耋（見晏子春秋，「嬰之年老不能待君命矣。」「嬰故老悖無能，毋敢服壯者事。」「學問不厭，不知老之將至。」「嬰老，不能待公之事。」「晏子相景公，老辭邑。」「嬰老德薄，無能而厚受祿。」）有二子，長曰氂，次曰圉（左襄二十三年文，「齊侯遂伐晉，取朝歌，為二隊，入孟門，登大行，張武軍於熒庭，戍郫邵，封少水，以報平陰之役。」乃還，趙勝帥東陽之師以追之，獲晏氂。」杜注：「晏氂，齊大夫。」日本竹添光鴻左傳會箋云：「晏氂，晏嬰之子，嬰生二子，曰氂，曰圉，晏氂，亦曰晏萊，見魯語，氂萊古音同。」國語魯語下第五：「昔欒氏之亂，齊人閒晉之禍，伐取朝歌，我先君襄公不敢寧處，使叔孫豹悉帥弊賦，踦跂畢行，無有處人，以從軍吏，次於雝俞，與邯鄲勝、擊齊之左，掎止晏萊焉。」韋昭注：「晏萊，齊大夫。」左哀六年文：「夏六月戊辰，陳乞鮑牧及諸大夫，以甲入于公宮，昭子聞之，與惠子乘如公，戰于莊，敗，國人追之，國夏奔莒，遂及高張，晏圉、弦施來奔。」杜注：「晏圉，嬰之子。」日本竹添光鴻左傳會箋云：「晏圉，平仲之子，平仲盡心公室，深以陳氏簒齊為憂，無宇之忌久矣，第以素為重臣，公與國人皆所心服，不可逐耳，迨平仲卒，乞遂借高國之奔，並晏圉逐之，報從前之積憤，除將來之後患。」）；皆碌碌無足稱述。

齊頃公十年（民前二五〇〇 西元前五八九年）

生於臨菑小城北門，即左傳「近市」宅也。（參見左傳、齊乘卷六。）

更生案：晏子生卒年月古無考之者，今人錢賓四先秦諸子繫年卷一孔子生年考附載晏嬰卒年考，文中所據多引史記十二諸侯年表之說。而該年表載晏子生平，有卒年而無生年，故亦語焉不詳，難以確據。是以本年表精研晏子春秋本文，參校左傳記事，以及世家年表之成說，再證諸其生平行誼，排比歸納，加以周延之推算，則晏子蓋生於齊頃公十年，即民元前二千五百年，公元前五百八十九年，卒於齊景公四十八年，即民元前二千四百十一年，公元前五百年。年九十。今特將所持論證，其可資採信者爰述於後，　史記齊太公世家載晏子曾歷事靈、莊、景、三公，其事蹟首見載於左傳者，係左襄十六年即齊靈公二十五年，晉伐齊，公與戰靡下之事，翌年即襄公十七年，靈公二十六年，嬰父晏桓子卒，晏嬰麤縗斬，苴絰帶，杖，菅屨，食粥，居倚廬，寢苫枕草，家老曰：「非大夫喪父之禮也。」曰：「唯卿為大夫。」是其時晏子已居大夫之位甚明，本年譜推定是年晏子為三十四歲，衡諸情實，庶幾近之，此一也。左襄二十三年齊侯伐衛遂伐晉，以報平陰之役，趙勝帥東陽之師以逐之，獲晏氂，杜注：「晏氂，齊大夫。」國語魯語謂：「昔欒氏之亂，齊人間晉之禍，伐取朝歌，我先君襄公不敢寧處，使叔孫豹悉帥弊賦，無有處人，次於雝俞，與邯鄲勝擊齊之左，掎止晏萊焉。」韋昭注：「晏萊，齊大夫。」日本竹添光鴻左傳會箋：「晏氂，晏嬰之子，嬰生二子，曰氂，曰圉，晏氂曰晏萊，見魯語，氂萊古音同。」據此則知為嬰子，時已身居大夫之職。並從師以伐晉，其當時年齡必在既冠之後，本年表推定左襄二十三年即齊莊公四年，晏子適當不惑，酌情斟理兩相脗合，（假定晏子以二十生子，此時當在不惑）此二也。史記孔子世家與十二諸侯年表以及左昭二十年文均載景公獵魯界，因與晏嬰入魯，問禮於孔子，世家曰：「魯昭公之二十年，孔子蓋年三十矣。」至於孔子生年，古今之治譜諜者如杜預、陸德明、俞樾、劉師培、崔適甚而今人錢穆及吾師旨雲先生，均以為史記載襄公二十二年孔子生，上考下求，皆有所據，則左襄二十二年實卽齊莊公三年，亦卽民元前二千四百六十二年，公元前五百五十一年，如依本年表載齊莊公三年迄齊景公二十六年公獵魯界之歲，恰為三十年，與世本、史記之說合，錢賓四先秦諸子繫年云：「孔子適齊，晏子年踰七十矣，齊侯田於沛之年，晏子亦當六十五、六，而孔子正三十耳。」案本年表孔子生年，晏子三十九歲，公獵魯界，晏子適年六十又八。至于孔子適齊之時，則晏子已七十三高齡，又與錢氏繫年所考者略同，故據以推定晏子生於頃公十年，此三也。就晏子春秋本文言，全書內外篇二百十五章中，載靈公之事者一章，莊公之事者六章，其他二百零八章均屬景公時事，足徵記言之詳略，端與晏子任職之久暫有關。本年表載其生於頃公十年，頃公在位十七年，彼時晏子正值沖齡，想不至有所作為，靈公二十五年為齊大夫，二十七年靈公薨，此時晏子初任卿貳，復遭父喪，故其名不顯，亦為當然之事耳。及莊公見弒於崔氏，晏子哭亡君，安危國，於是名懾諸侯，取信國人，至景公立，始相齊國，而本年譜所載晏子生平事跡，頃公時一條，靈公時三條，莊公時四條，景公時十七條，略遠詳近，正與晏子春秋本文相符，此四也。據此四證，故推晏子殆生於齊頃公十年，卒於齊景公四十八年，年九旬也。

齊靈公二十五年（民元前二四六八年　西元前五五七年）

三十三歲。

為齊大夫。晉伐齊，齊靈公與戰靡下，齊師敗走。晏嬰曰：「君亦無勇，何不止戰。」（參見史記晉

世家）

齊靈公二十六年（民元前二四六七 西元前五五六年）

三十四歲。

秋晏桓子（晏弱）卒，桓子者，晏嬰父也。晏子居喪，惡直已以斥時失禮，故遜辭以答家老（參見晏子春秋內篇雜上，晏子居喪遜答家老，仲尼善之第三十，左傳襄公十七年文。）

齊靈公二十七年（民元前二四六六 西元前五五五年）

三十五歲。

晉圍臨菑，晏嬰大破之（參見史記十二諸侯年表）。冬，十月，晉侯伐齊，獻子以朱絲繫玉二瑴而禱曰：「齊環怙恃其險，負其衆庶，棄好背盟，陵虐神主，曾臣彪將率諸侯以討焉，其官臣偃實先後之，苟捷有功，無作神羞，官臣偃無敢復濟。」齊侯禦諸平陰，塹防門，而守之廣里，齊人多死，公恐，晏子聞之曰：「君固無勇，而又聞是，弗能久矣。」（參見左傳襄公十八年文、史記晉世家。）

齊莊公三年（民元前二四六二 西元前五五一年）

三十九歲。

秋，欒盈自楚適齊，晏平仲言於齊侯曰；「商任之會，受命於晉，今納欒氏，將安用之。小所以事大，信也，失信不立，君其圖之，」弗聽，退告陳文子曰：「君人執信，臣人執共，忠信篤敬，上下同之，天之道也，君自棄也，弗能久矣。」

冬，欒盈猶在齊，晏子曰：『禍將作矣，齊將伐晉，不可以不懼。』（參見左傳襄公二十二年文）。

更生案：是年冬十一月庚子孔子生於魯國昌平鄉陬邑。

齊莊公四年（民前二四六一年　西元前五五〇年）

四十歲。

秋，齊侯伐魏，將遂伐晉，以報平陰之役，晏嬰諫不聽。晏子曰：「君恃勇力，以伐盟主，若不濟，國之福也，不德而有功，憂必及君。」晉趙勝帥東陽之師以追晉兵，獲晏氂，晏氂者，嬰子也。（參見晏子春秋內篇問上，莊公問伐晉晏子對以不可，若不濟國之福第二，左傳襄公二十三年文，國語魯語下第五、四十七頁、「四部叢刊本」。）

齊莊公五年（民前二四六〇年　西元前五四九年）

四十一歲。

齊畏晉通楚，晏子謀。（參見史記十二諸侯年表。）晏子使楚。楚王故爲小門，並指盜進橘以辱晏子，晏子稱使狗國者入狗門。（參見晏子春秋內篇雜下晏子使楚，楚為小門，晏子稱使狗國有入狗門第九楚王欲辱晏子指盜者為齊人，晏子對以橘第十，楚王饗晏子進橘置削晏子不剖而食第十一。）

齊莊公六年（民前二四五九年　西元前五四八年）

四十二歲。

崔杼以莊公通其妻殺之，立其弟杵臼爲景公，晏子立崔杼之門，從者曰：「死乎？」晏子曰：「獨吾君也乎哉？吾死也？」曰：「行乎？」曰：「獨吾罪也乎哉？吾亡也？」曰：「歸乎？」曰：「吾君死，安歸？」門啓而入，遂袒免，坐枕君尸而哭，興，三踊而出。人謂崔子必殺之，崔子曰：「民之望也，舍之得民。」（參見晏子春秋內篇雜上，莊公不用晏子、晏子致邑而退，後有崔氏之禍第二左傳襄公二十五年文。）崔杼既弒莊公而立景公，盟國人於大宮曰：「不與崔慶而與公室者，受其不祥。」晏子仰天嘆曰：「嬰所不唯忠於君，利社稷者是與，有如上帝！」乃歃。（參見晏子春秋內篇雜上崔慶劫齊將軍大夫盟晏子不與第三、呂氏春秋卷二十知分，韓詩外傳卷第二，新序義勇第八。）

齊景公元年（民前二四五八 西元前五四七年）

四十三歲。

秋，七月，齊侯鄭伯爲衞侯故如晉，國子使晏平仲私於叔向曰：「吾君宣其明德於諸侯，恤其患而補其闕，正其違而治其煩，所以爲盟主也，今爲臣執君，若之何？」（參見左襄二十六年文。）晉平公問齊君德行高下，晏子蹴然曰：「諸侯之交，紹而相見，辭之有所隱也，君之命質，臣無所隱，嬰之君無稱焉。」（參見晏子春秋內篇問下，晉平公問齊君德行高下晏子對以小善第十六。）

齊景公三年（民前二四五六 西元前五四五年）

四十五歲。

公膳，日雙鷄，饔人竊更之以鶩，卸者知之，則去其肉，而以其洎饋，子雅子尾怒，慶封告盧蒲嫳，盧蒲嫳曰：「譬之如禽獸，吾寢處之矣。」使析歸父告晏平仲，平仲曰：「嬰之衆不足用也，知無能謀也，言弗敢出，有盟可也，」子家曰：「子之言云，又焉用盟。」（參見左傳襄公二十八年文。）

慶氏亡，分其邑與晏子，晏子謂足欲，亡無日矣，不受邶殿，非惡富也，恐失富也。」（參見晏子春秋內篇雜下，子尾疑晏子不受慶氏之邑，晏子謂足欲則亡第十五，左傳襄公二十八年文。）

齊景公四年（民前二四五五 西元前五四四年）

四十六歲。

吳季札聘于齊，說晏平仲速納邑與政，以免於難，故晏子因陳桓子以納政與邑。（參見晏子春秋內篇雜下，景公以晏子衣食弊薄使田無宇致封邑，晏子辭第十九。同篇田桓子疑晏子何以辭邑，晏子答以君子之事也第二十，左傳襄公二十九年文。）

齊景公五年（民前二四五四 西元前五四三年）

四十七歲。

晏子相齊三年，政平民說，景公以晏子中食而肉不足，欲割地封晏子，晏子曰：「富而不驕者，未嘗聞之。貧而不恨者，嬰是也。」堅辭不受。（參見晏子春秋內篇雜下，梁丘據言晏子食肉不足，景公割地將封，晏子辭第十七。）

齊景公八年（民前二四五一 西元前五四〇年）

五十歲。

晉韓宣子來齊納幣，見子雅子尾，並稱其二子非保家之主也。大夫多笑之，唯晏子信之曰：「夫子，君子也；君子有信，其有以知之矣。」（見左傳昭公二年文。）

齊景公九年（民前二四五〇 西元前五三九年）

五十一歲。

春，公使晏嬰請繼室於晉。晉韓宣子使叔向對曰：「寡君之願也。」既成昏，晏子受禮，叔向從之宴。叔向曰：「齊其何如？」晏子曰：「此季世也。」叔向曰：「晉公室卑。」（參見晏子春秋內篇問下，晉叔向問齊國若何，晏子對以齊德衰，民歸田氏第十七，又同篇第十八、十九、二十、二十一、二十二、二十三、二十四等章，左昭三年文。）

更晏子宅，晏子辭以「小人宅近市，朝夕得所求。」並稱踊貴而屨賤，諷公省刑。（參見晏子春秋內篇雜下，景公欲更晏子宅晏子辭以近市得求諷公省刑第二十一，又同篇第二十二、二十三兩章，左傳昭公三年文，韓非子卷十五難二。）

晏子之晉，睹齊纍越石父解左驂贖之與歸。（參見晏子春秋內篇雜上，晏子之晉睹齊纍越石父解左驂贖之與歸第二十四，呂氏春秋卷十六觀世，新序卷七節士。）

八月，大雩、旱也。齊侯田于莒，欲祠靈山河伯以禱雨。晏子進曰：「不可，祠此無益也。」（參見晏子春秋內篇上，景公欲祠靈山河伯以禱而晏子諫第十五，又同篇景公從畋十八日不返國晏子諫第二十三，韓詩外傳卷十。）

十月，齊公孫竈卒（子雅也），司馬竈見晏子曰：「又喪子雅矣。」晏子曰：「惜也，子旗不免殆哉！姜族弱矣，而嬀將始昌，二惠競爽猶可，又弱一个焉，姜其危哉！」（見左傳昭公三年文。）

齊景公十一年（民元前二四四八年　西元前五三七年）

五十三歲。

鄭罕虎如齊，娶於子尾氏。晏子驟見，陳桓子問其故，對曰：「能用善人，民之主也。」（見左傳昭公五年文。）

更生案：日本竹添光鴻引彭士望之言曰：「晏子好善如此，豈有沮聖之言，況夫子以久敬稱之耶！」此說頗穩。

薦田穰苴於景公。

更生案：史記司馬穰苴列傳曰：「司馬穰苴者，田完之苗裔也，齊景公時晉伐阿甄，而燕侵河上，齊師敗績，景公患之，晏嬰乃薦田穰苴曰，穰苴雖田氏庶孽，然其人，文能附衆，武能威敵，願君試之。景公召穰苴，與語兵事，大說之，以為將軍。」又晏子春秋內篇雜上，景公夜從晏子飲，晏子稱不敢與章，載司馬穰苴公正康明，忠齊國君之事，可參。

齊景公十二年（民元前二四四七年　西元前五三六年）

五十四歲。十一月，齊侯如晉，請伐北燕，晉侯許之。十二月，齊侯遂伐北燕，將納簡公。晏子曰：「不入，燕有君矣，民不貳，吾君貪賄，左右諂諛，作大事不以信，未嘗可也。」（見左傳昭公六年文）

齊景公十六年（民元前二四四三年 西元前五三二年）

五十八歲。

夏，有欒、高、陳、鮑之亂，四族召晏子，晏子無所從也，遂端委立于虎門，拒應四族之要，勇維齊侯之安。（參見晏子春秋雜下，田無宇勝欒氏高氏，欲分其家，晏子使致之公第十四，左傳昭公十年文。）

齊景公十八年（民元前二四四一年 西元前五三〇年）

六十歲。

春，高偃帥師納北燕伯朝於陽，於是公有志復霸。

夏，公如晉，晉侯以公宴，歸而有貳心；問晏子欲善齊國之政以干霸王若何？晏子對曰：「嬰聞國有具官，其政可善。」（參見晏子春秋內篇問上，景公問欲善齊國之政以干霸王，晏子對以官未具第六，又同篇第五、第七、第九、第十、第十二、第十三、第十四、第十五、第十六、第十七、第十八、第二十、第二十一、第二十三、第二十四、第二十五、第二十六、第二十七、第二十八、第二十九、第三十，內篇問下第一、第二、第三、第四、第五、第六、第七、第八、內篇諫下第十四。）

齊景公十九年（民元前二四四〇年 西元前五二九年）

六十一歲。

秋，公會劉子及諸侯於平丘。八月甲戌，同盟于平丘，公不肯盟；晉侯使叔向辭公，公懼，乃同盟。

歸問晏子曰：「聖人之不得意何如？」晏子對曰：「聖人伏匿隱處，不干長上，潔身守道，不與世陷乎邪，是以卑不失義，瘁不失廉，此聖人之不得意也。」（見晏子春秋內篇問上，景公問聖人之不得意何如，晏子對以不與世陷乎邪第二十二。）

齊景公二十五年（民前二四三四 西元前五二三年）

六十七歲。

秋，高發帥師伐莒，莒子奔于紀鄣，使孫書伐之，夜縋登城，莒子啓西門而出，師入紀。（清龔士炯歷代記事年表私考曰：「齊侯欲服諸侯，當自莒始，蓋欲逐庚與而歸郊，公以為利，故伐之，此齊景窺晉衰，而有鄭陵爭霸之端也。」）

更生案：當晏子七十歲前後，正齊景公春秋鼎盛之年，吳、越厥起于南方，晉、楚霸業均露衰徵，是以齊侯欲復桓公之業，晏子春秋中似此之問甚多，可與前合參。

齊景公二十六年（民前二四三三 西元前五二二年）

六十八歲。

公獵魯界，因與晏嬰入魯，問禮於孔子。晏子出，孔子送之以賓客之禮，再拜其辱，命門弟子曰：「救生民而不夸，行補三君而不有，晏子果君子也。」（參見晏子春秋內篇上，景公使魯有事已，仲尼以為知禮第二十一，史記齊太公世家文。）

冬，公疥遂痁，期而不瘳，嬖大夫請誅祝史，公告晏子。晏子曰：「君以為祝有益也，詛亦有損，君若欲誅於祝史，修德而後可。」公說，使有司寬政，疾亦愈。（參見晏子春秋內篇諫上，景公病久不愈欲誅祝史以謝晏子諫第十二、左傳昭公二十年文）十二月，齊侯至自田，晏子侍于遄臺，（更生案：遄臺在今山東省青州府臨菑縣五十里今俗呼為歇馬臺。）梁丘據馳而造焉。公曰：「惟據與我和夫！」對曰：「據亦同也，焉得爲和。」（參見晏子春秋外篇上，景公謂梁丘據與己和晏子諫第五，又同篇第二、第三、第四、第六，內篇諫上第十七、第十八，左傳昭公二十年文。）公飲酒樂曰：「古而無死，其樂何如？」晏子對曰：「古而無死，則古之樂也，君何得焉；昔爽鳩氏始居此地，季萴因之，有逢伯陵因之，蒲姑氏因之，古若無死，爽鳩氏之樂，雖君所願也。」（參見晏子春秋內篇諫上，景公遊公阜，一日有三過言，晏子諫第十八，又同篇第十六，左傳昭公二十年文。）

齊景公三十一年（民元前二四二八年 西元前五一七年）

七十三歲。

魯昭公棄國走齊，景公辯其言以語晏子曰：「使是人反其國，豈不爲古之賢君乎？」晏子對曰：「愚者多悔，不肖者自賢，溺者不商隊，迷者不問路，溺而後問隊，迷而後問路，譬之猶臨難而遽鑄兵，噎而遽掘井，雖速亦無及已。」（參見晏子春秋內篇雜上，景公賢魯昭公去國而自悔，晏子謂無及已第二十，又同篇第十八，左傳昭公二十五年文。）

冬，孔子至自魯，爲高昭子家臣，公欲封以尼谿田，晏嬰沮止之。（見晏子春秋外第一章，墨子非儒篇，孔叢子詰墨，史記孔子世家。）

更生案：孔叢子詰墨云：「墨子曰：孔子至齊，見景公，公說之，封之於尼谿，晏子曰，不可，夫儒，浩居而自順，立命而待事，崇喪遂哀，盛用繁禮，其道不可以治國，其學不可以導家，公曰，善。詰之曰，卽如此言，晏子為非儒惡禮，不欲崇喪遂哀也。察傳記晏子之所行，未有以異於儒馬，又景公問所為政，晏子答以禮云，景公曰：「禮其可以治乎，禮於政與天地並，此則未有以惡於禮也，晏桓子卒、晏嬰斬衰、枕草、苴絰帶、杖、菅菲、食粥、居倚廬，遂哀三年，此又未有以異於儒也，若能以口非之而躬行之，晏子所弗為。」曹明問子魚曰：「觀子詰墨者之辭，事議相反，墨者妄矣，假使墨者復起，對之乎？」答曰：「苟得其理，雖百墨吾益明白焉，失其正，雖一人猶不能當前也，墨子所引者矯晏子，晏子之善吾先君，先君之善晏子，其事庸盡乎。」曹明曰：「可得聞諸？」子魚曰：「昔齊景公問晏子曰，吾欲善治，可以霸諸侯矣，對曰，官未具也，臣亟以聞而君未肯然也，臣聞孔子聖人，然猶居處勌惰，廉隅不修，則原憲、季羔侍、氣鬱而疾，志意不通，則仲由、卜商侍、德不盛、行不勤，則顏、閔、冉、雍、侍，今君之朝臣萬人，立車千乘，不善之政加於下民者衆矣，未能以聞者，臣故曰，官未備也，此又晏子之善孔子者也，子曰：晏平仲善與人交，久而敬之，此又孔子之貴晏子者也。」曹明曰：「吾始謂墨子可疑，今則決妄不疑矣。」史記孔子世家從墨子說，記晏子沮齊景公以尼谿田封孔子，字句小異而義大同，然而劉向校書以晏子春秋外篇第八，不合經術，似非晏子言，疑後世辯士所為，古今傳注多從此說，姚鼐、馬國翰均著論以明之。（見姚氏晏子不受邶殿論，馬氏晏平仲論）善夫！日本古賀侗菴之言曰：「太史公之誤，本於墨子者可見、孔子曰、道不同不相為謀，夫儒墨異道，墨氏構虛辭以詆排聖人，固無足怪，太史公遽信而載之于史，其不別朱紫甚矣。若夫墨子所以必引晏子者，孔子同時之賢，齊德俱尊者，未有踰于晏子，非儒詆聖之言，一旦出于已，恐人未肯便遵信，故且借晏子以自重，其用意亦險巧矣。」特並錄如上，知事雖可疑，但仁智之見甚多，不敢遺失，以俟君子。

齊景公三十二年（民元前二四二七年 西元前五一六年）

七十四歲。

秋，公會魯侯、莒子、邾子、杞伯盟于鄟陵，齊分野有彗星，公使禳之。晏子曰：「無益也，祗取誣焉，君無違德，方國將至，何患于彗？」（參見晏子春秋內篇諫上，景公遊公阜一日有三過言晏子諫第十八，左傳昭公二十六年文，論衡變虛。）

公與晏子坐于路寢，公嘆曰：「美哉室！其誰有此乎！」晏子曰：「敢問何謂也？」公曰：「吾以為在德。」晏子曰：「如君之言，其將在陳氏乎！」（參見晏子春秋內篇諫下，景公登路寢臺望國而嘆晏子諫第十九，又同篇十八、第二十，左傳昭公二十六年文，韓非子外儲說右上，史記晉世家，史記田敬仲完世家。）

齊景公三十三年（民元前二四二六年 公元前五一五年）

公致廩丘之養於孔子，孔子辭。（參見墨子非儒、孔叢子詰墨、史記、孔子世家鹽鐵論論誹第二十四。）

七十五歲。

更生案：是年孔子自齊反乎魯，錢賓四先生先秦諸子繫年云：「孔子居齊年數，世家不詳，後人或謂七年，或謂一年，七年之說，歷聘紀年主之，狄子奇孔子編年辨之云：『歷聘紀年蓋誤讀史記世家而云然，孔子遂行，反乎魯，孔子年四十二，魯昭公卒於乾侯，年四十二句，與下句連讀，非謂反魯時四十二歲也。』一年之說，江永鄉黨圖主之，狄子奇和之，江氏之說曰：『昭二十七年，吳季札聘上國，反於齊，子死嬴博間，而夫子往觀葬，蓋自魯往觀，嬴博間近魯也，然則在齊不過一年耳。』……則孔子之去齊不以定公立而欲歸魯也，亦不見去齊後有暫棲他國之事，且其時孔子未仕於魯，亦不必定公立而後始歸。……」今既他無可考，姑依江氏說。

齊景公四十八年（民前二四一〇年 西元前五〇〇年）

九十歲。

晏子卒，葬故宅。（水經注卷二十六云：「晏子宅近市，景公欲易之，而嬰勿受，為誡曰，『吾生則近市，死豈易志。』乃葬故宅，後人名之曰清節里。」）

更生按：史記齊太公世家及史記十二諸侯年表均載晏子卒於齊景公四十八年，而晏子春秋有晏子沒十有七年之句，且檢左昭廿七年後，無記述有關晏子之片言瑣事，若信史記晏子卒於景公四十八年為確。則其間十六年對晏子行事闕而弗錄，實亦不盡合情理。今人錢賓四先生先秦諸子繫年對晏子卒年亦疑史記所載不可遽信。故本年譜姑從史記之說，但晏子春秋本文亦不容偏廢，故附記始末，俟諸君子。

第三章　晏子春秋考辨

第一節　眞僞考

讀古書宜嚴别眞僞，諸子尤甚。誠以晚周學者，輕空言而重力行，大抵不自著述。今其書之存者，皆治其學者之所爲。至於纂輯成書，則或出於更後之人。是以行文措意，古近兼出，譚言辯說，多涉身後之事，此誠有可疑。然古人傳書，有但傳其意者，有兼傳其辭者。傳其辭者，其學有口訣可誦，師弟授受，雖千百年而不變；傳其意者，口耳相接，無所憑藉，乖訛失眞，在所難免。故管子書言毛嬙西施；道德經有偏將軍；孔子往見盜跖，著於莊子內篇；田文請學閔子，見於韓詩外傳；均有未可輕信者。雖然苟不求其故，一概抹煞，斯不亦疑之太甚，而委之太過與！蓋諸子既不自著述；而後學者之著書者，又未嘗自立條例，成一首尾完具之作；益以中更秦亂，簡册散亡，僞品害眞，群言踳駁；致令學說湮晦，流别不明，此誠治學者之大憾也。幸唐宋以後，研古之士，類能發覆摘姦，涇清以還，更繼踵前修，多所創獲。張之洞有云：「一分眞僞，而古書去其半；一分瑕瑜，而列朝書去其十之八九。」（輶軒語）信哉斯言。竊覽晏子春秋，覺其文章可觀，義理可法，於古拙質樸中蘊藉微旨；乃先秦之舊典，非後人可得而依託也。然而今書篇目，漫無定次，重言重意，觸目皆有；遂致後人之疑，斥之爲僞，而晏子之說乃湮沒而不彰，學術之不幸孰有大於是者乎？本節先集諸家成說，以式觀其元始；繼述個人管見，以抉發其可疑；然後旁推交通，以考證其奧衍；務期此一部先秦舊典，得赫然重光於今日。

諸家成說

辨晏子春秋　　柳宗元

司馬遷讀晏子春秋，高之，而莫知其所以爲書。或曰：「晏子爲之，而人接焉。」或曰：「晏子之後爲之。」皆非也。吾疑其墨子之徒有齊人者爲之，墨好儉，晏子以儉名于世，故墨子之徒尊著其事，以增高爲己術者。且其旨多尚同、兼愛、非樂、節用、非厚葬久喪者，是皆出墨子。又非孔子，好言鬼事，非儒、明鬼，又出墨子。其言問棗及古冶子等尤怪誕，又往往言墨子聞其道而稱之，此其顯白者。自劉向、歆、班彪、固，父子皆錄之儒家中，甚矣數子之不詳也！蓋非齊人不能具其事，非墨子之徒則其言不若是，後之錄諸子書宜列之墨家，非晏子爲墨也，爲其書者墨之道也。（見柳柳州文集卷之四）

晏子春秋　　姚際恒

陳直齋曰：「漢志八篇，但曰晏子，隋唐七卷，始號晏子春秋，今卷不同，未知果本書否？」崇文總目曰：「晏子八篇，今亡，此書蓋後人采嬰行事爲之。」（見古今僞書考）

讀晏子

惲　敬

晏子春秋，七略錄之儒家，柳子厚以爲墨子之徒爲之，宜錄之墨家，本朝四庫全書錄之史部，崇文總目曰：「晏子春秋八篇，今無其書，今書後人所採掇。」其言是也，如梁丘據高子孔子皆譏晏子三心，路寢之葬，一以爲逢于何，一以爲盆成适，蓋由採掇所就，故書中歧誤複重多若此。而最陋者，孔子之齊，晏子譏其窮于宋陳蔡是也；魯昭公二十九年，孔子之齊，至哀公三年孔子過宋，桓魋欲殺之，明年阨于陳蔡絕糧，皆在定公十年晏子卒之後，今晏子乃于之齊時逆以譏孔子，豈理也哉！其爲書淺陋不足觀，後之讀書者，未必爲所惑；然古書奥衍，遠出晏子之上，而悖于事理者，蓋多有之，不可不愼也。（見大雲山房文稿卷二）

緜眇閣本晏子春秋題辭

李茹更

晏子八篇，卽孔子三朝記之類，殆後人錄其言論諷議成書，書號春秋，亦同記年之意。其文多平實，少奇堀，少波瀾，疑當時記者手筆不逮故耶。然其書亦多傳古意，不可廢也。

平津舘刻本晏子春秋序

孫星衍

晏子八篇……實是劉向校本，非僞書也。其書與周秦漢人所述不同者，問下景公問晏子轉附朝舞。管子作「桓公問管子。」昭公問莫三人而迷。韓非作「哀公。」諫上景公遊于麥邱，韓詩外傳、新序俱作「桓公」。問上景公問晏子何患，患社鼠，韓非、說苑俱作「桓公問管仲」。問下柏常騫去周之齊見晏子，家語作「問于孔子」，此如春秋三傳，傳問異辭，若是僞書，必采錄諸家，何得有異？唐宋已來，傳注家多引晏子，問上云「內則微善惡于君上，外則賣權重于百姓，」藝文類聚作「出則賣重寒熱，入則矯謁奴利。」一作「出則賣寒熱，入則比周。」雜下「繁組馳之。」文選注作「擊驛而馳。」韓非作「煩且。」諫下「接一搏豨，而再搏乳虎。」後漢書注作「持楯而再搏猛虎」。問上「仲尼居處惰倦。」意林作「居陋巷。」諫上「天之降殃，固于富彊；為善不用，出政不行。」太平御覽作「當彊為善。」此皆唐宋人傳寫之誤，若是偽書，必采傳注，何得有異？且晏子文與經史不同者數事，詩「載驂載駟，君子所屆。」箋訓「屆」為「極」。諫上則作「誡」，以箴駕八非制，則當以誡慎之義為長。諫上景公遊于公阜，言「古而無死」，及「據與我和」，日暮四面望睹彗星，云「夫子一日而三責我。」雜下又云「昔者吾與夫子遊于公邑之上，一日而三不聽寡人。」是為一時之事。左傳則以「古而無死」「據與我和」之言在魯昭二十年，其齊有彗星降在魯昭二十六年者，蓋緣陳氏有施之事，追溯災祥及之耳。此事本不見春秋經，然則彗星見實在昭公二十年，齊景公之二十六年，史記十二諸侯年表誤在魯昭二十六年，齊景公之三十二年，非也。問下越石父反裘負薪，息于塗側。曰：『吾為人臣僕于中牟，見使將歸。』呂氏春秋及新序則云「齊人累之。」亦言以負累作僕，實非攖罪。史記則誤云「越石父在縲紲中，」又非也。他若引詩「武王豈不仕」，「仕」作「事」；引左傳「蘊利生孽」，「蘊」作「怨」；「國之諸市」作「國都之市；」皆足證發經義，是以服虔、鄭康成、郭璞注書多引之。書中與管、列、墨、荀、孟、韓非、呂覽、淮南、孔叢、鹽鐵論、韓詩外傳、說苑、新序、列女傳、風俗通諸書文辭互異，足資參訂者甚多。晏子文最古質，玉海引崇文總目十四卷，或以為後人采嬰行事為書，故卷帙頗多于前志，蓋妄言矣。

書柳子厚辨晏子春秋後

吳德旋

晏子春秋非晏子所作，柳子之辨審矣；而其說猶未盡。吾疑其書蓋晚出，非太史公、劉向所見本。太史公、劉向所見之晏子春秋，不知何時亡失之；而六朝人好作僞者依仿爲之耳。凡先秦古書於義理頗多駁悖，而詞氣奧勁，必非東漢以來文士所能擬作，如晉乘、楚檮杌、孔叢子諸書，皆斷然可決其非出周秦間矣。柳子言爲是書者墨之道，吾以爲此特因晏子以節儉名當世，非假是不足以成書，故剌取墨子意衍其說，未必果爲墨者爲之也。（見初月樓文鈔卷一）

讀晏子春秋

管　同

陽湖孫督糧星衍甚好晏子春秋，爲之音義，吾謂：漢人所言晏子春秋不傳久矣，世所有者，後人僞爲者耳。何以言之？太史公爲管晏傳贊曰：「其書世多有之，故不論，論其軼事。」仲之傳載仲言交鮑叔事獨詳悉，此仲之軼事，管子所無；以是推之，薦御者爲大夫，脫越石父於縲紲，此亦嬰之軼事，而晏子春秋所無也；假令當時書有是文，如今晏子，太史公安得稱曰軼事哉。吾故知非其本也。唐柳宗元者知疑其書，而以爲出於墨氏，墨氏之徒去晏子固不甚遠，苟所謂猶近古，其淺薄不當至是；是書自管、孟、荀、韓，下逮韓嬰、劉向書，皆見剽竊，其詆訾孔子事，本出墨子非儒篇，爲書者見墨子有是意，嬰之道必有與翟同者，故既采非儒篇入晏子，又往往言墨子聞其道而稱之，是此書之附於墨氏，而非墨氏之徒爲是書也。且劉向、歆、班彪、固父子，其識皆與太史公相上下，苟所見如今書多墨氏說，彼校書胡爲入之儒家哉！然則孰爲之？曰：其文淺薄過甚，其諸六朝後人爲之者與？崇文總目稱晏子八篇已亡，今書出後人採掇，其言尤信。（見因寄軒文初集卷三）

讀晏子

黃以周

晏子之爲書，孫伯淵力褒章之，不復贅言。然外篇有不合經術，內篇亦多及身後之事，晏子一書，信非平仲手撰也。或說出於齊之春秋，或說其賓客裒集成之，斯言當有所據。班氏漢志從劉向說，列之儒家。晁氏郡齋讀書志，又從柳宗元論，入諸墨家。四庫簡明目錄謂書中皆述晏嬰遺事，實魏徵諫錄，李絳論事集之流，改隸傳記，可以息群喙矣。近管異之又嗷嗷於是書，據史記管晏列傳，以薦御者脫越石父爲軼事，今書有是文，遂斷漢人所言晏子不傳已久，世所有者，其文淺薄，六朝後人爲之。蓋異之於劉向之敍錄，未之細讀也，向之言曰：「所校中書晏子十一篇，臣向謹與長社尉臣參校讎，太史書五篇，臣向書一篇，參書十三篇，凡中外書三十篇。」「中書」者，所謂禁中之秘書也；言中者以別於外，「向書一篇，參書十三篇，」所謂外書也；「凡中外書三十篇，除復重者二十二篇，定著八篇，」是中書十一篇，外書十四篇，皆有復重也。漢太史亦藏書，所藏晏子五篇，蓋最初之本，其書無復重，又不及薦御者脫越石父諸事，太史公之所見者，太史書之五篇也，故作管晏傳詳敍二事，以補太史書之軼，而劉向校書遂附此事於五篇之末。然則世所行之晏子，卽劉向校定之本。而劉向所校定之八篇，其文雖增，而前五篇之章節，大判仍太史書最初之本也，管異之謂漢時晏子不傳，固未覈實，以其文爲淺薄，亦可謂不知言。柳氏之論，前儒闢之已力，近無識之徒，又翕然宗異之言，甚矣！文人之難與道古也。

（見做季文鈔卷一）

晏子考釋　　梁啓超

漢志此書卽司馬遷、劉安所見本也，然殆非春秋時書。尤非晏子自作，柳宗元謂墨子之徒有齊人者爲之，蓋近是。然其人非能知墨子者，且其依託年代似甚晚，或不在戰國而在漢初也。今傳之本，是否爲遷、安所嘗讀者，蓋未可知，然似是劉向所校正之本，非東漢後人竄亂附益也。（見漢書藝文志諸子略考釋）

晏子春秋　　（日本）古賀侗菴

夫晏子既成於墨子之徒，則其與墨子之說脗合固耳，乃以是謂晏子時已有墨子之說，此亦朱子所謂爾雅是取傳注以作，後人却以爾雅證傳注之類耳。且墨子雖艱澀難讀，要自古文口氣，應出於墨子弟子之手；乃晏子則文氣卑冗，絕無精采，不但不出於晏子，併不出於墨子之弟子，蓋後來主張墨家者爲之也。（見劉子卷十）

眞僞商榷

一、由篇目命題提論

檢先秦諸子書如論語、老子、墨子、莊子、荀子、韓非、呂氏春秋、韓詩外傳，甚而漢之淮南鴻烈，其命題之法蓋有二端，或取篇首數字以爲一篇之題；如孟子梁惠王章章句上正義曰：「孟子非輒自著，乃弟子共記其言，其篇目梁惠王、公孫丑、滕文公、離婁、萬章、告子、盡心七篇各自有名。梁惠王者魏惠王也，時天下有七王皆僭號，魏惠王居大梁，故號曰梁王，聖人及大賢有道德者，王公侯及卿大夫咸願以爲師，孔子時諸侯問疑質禮，若弟子之問師也，魯衞之君皆尊事焉，故論語或以弟子名篇，而有衞靈公、季氏之篇，孟子亦以大儒爲諸侯所師，是以梁惠王、滕文公題篇與公孫丑爲一例也。其次攝取全篇之要義以爲一篇之題：如管子形勢第二，唐房玄齡注：「自天地以及萬物，關諸人事莫不有形勢焉，夫勢必因形而立，故形端者勢必直，狀危者勢必傾，觸類莫不然，可以一隅而反。」荀子非相篇第五，楊倞注云：「相，視也；視其骨狀以知吉凶貴賤也。妄誕者多以此惑世，時人或務其狀貌，而忽於實際，故荀卿作此篇非之。」至於呂氏春秋篇目，分八覽、六論、十二紀，八覽爲全書之首，（從司馬遷史記呂不韋列傳說）有始覽又居八覽之首，故從天地開闢說起，其下孝行、愼大、先識、審分、審應、離俗、恃君凡八覽，因天時以合人事，乃呂氏神道設教以迄郅治之大要也。而淮南鴻烈命篇，尤爲顯然，觀許愼解原道訓之篇旨：「原，本也；本道根眞，包天地以歷萬物，故曰原道，因以題篇。」晏子春秋若成書於先秦，取材於齊史，（見孫星衍說）其書中題篇理應釆論、孟、老、莊之體式，或取篇首數字，或擷全文要旨，辭簡意賅，籠圈共貫，但今本晏子全書八篇，八篇之內，分別內外，內篇六篇，外篇二篇，六篇又分別爲諫上、諫下、問上、問下、雜上、雜下、外篇二篇不分上下，依各章文義作分篇之標準，各篇之中分章不一，章首錄當文之小目，每目數字，多寡莫定，多者有二十字以上，少亦不下十數字，固是兼綜文義，擬定篇題，然文字繁複，揆諸古書，絕無先例。或疑晏子乃隨事進諫之言，編次自無系統，此又不然，管仲隰朋說桓公之事，蘊於大臣、覇形、覇言、小稱、四稱，內容繁重，篇目不見加長，說苑、新序文多同乎晏子！，其命題亦與晏子有別，故今本晏子是否爲史遷劉安知見之本，抑係後人採掇成書，此其可疑者一也。

二、由篇章分合推論

盧文弨群書拾補云：「余校晏子春秋將竣，吳槎客示余元人刻本，其每卷首有總目，又各標于當篇，今本皆缺目錄，當以此補之。」

黃以周晏子春秋校勘記云：「元刻本每篇前記篇章，後標題，首行云：『晏子春秋內篇諫上第一，凡二十五章』其下別云：『莊公矜勇力不顧行義晏子諫第一』云云。

緜眇閣刻本將內篇諫上「景公燕賞無功而罪有司晏子諫第七」與「景公信用讒佞賞罰失中晏子諫第八」二章誤連爲一章。凌澄初刻本缺「內篇雜上第二十一章晏子使魯有事已仲尼以爲知禮。」

治要將「內篇諫上第十三章」誤合於「雜上第五篇」內。『內篇諫上第二十五章』誤屬「雜上第五篇」內，引「內篇問上第十章」在「問下篇」。

楊愼評本無「內篇諫下第三章景公逐得斬竹者囚之晏子諫」無「內篇諫下第八章景公春夏游獵興役晏子諫」。無「內篇諫下第二十五章景公登射思得勇力士與之圖國晏子諫」。無「內篇問上第五章景公問聖王之行若何晏子對以衰世而諷」。無「內篇雜下第十三章田無宇請求四方 之學士晏子謂君子難得。」

劉師培補釋云：「內篇雜上第二十四章晏子之晉睹齊纍越石父與下晏子爲齊相章，均非晏子春秋本書也，此二事載于史記管晏列傳，傳贊曰：『至其書世多有之，是以不論，論其軼事。』則凡載于晏子春秋者，史公均弗錄，此二事者，乃見于他書者也。越石父事，呂氏春秋觀士篇載之，或史記卽本于彼事，後人據他籍及史記所載補入此二節，非其舊也。」

孫星衍云：「問上第二章末云『及慶氏亡』，語意未了，疑接內篇雜下第十五章，後人割裂之。」「俗本以外篇重而異者第一章附內篇」。于鬯云：「外篇二篇。元刻本一題『重而異者』，一題『不合經術』，今不復識別，且漢書藝文志，雖晏子八篇，而史記管晏列傳張守節正義引七略云『晏子春秋七篇』，是外篇止一篇也，孫星衍序謂合雜上下二篇爲一，誤。」

各家校注晏子春秋，均以篇章分合之雜亂，而疑今本非史志之舊。按八篇之中，以外篇兩篇最爲可疑，劉向敍錄云：「又有復重，文辭頗異，不敢遺失，復列以爲一篇。」孫星衍以爲「卽外篇第七也，俗本以此附內篇，變亂向篇第，明人之妄如是。」總檢本書板本著錄，知外篇第七與內篇各章文義多所重複，諸如外篇第一章附入內篇，第二章黃之寀、吳勉學本缺，尤以第四五兩章，其內容純用左昭二十年文，一字未易，而割爲兩章，顚倒次序乃爾。第十章黃本脫，第十三章黃以之刋於第八章「景公見道殣」之後。治要引第十四章在問上篇，緜眇閣刻本將第十六章以下各章全刋爲第八卷，治要引第十九章屬問下，第二十二章屬雜下，今本晏子之卷次已非劉向校本之眞。據唐魏徵治要引晏子篇目僅諫上、諫下、問上、問下、雜上、雜下六篇，與漢志八篇之說有別，故崇文總目稱晏子八篇已佚，今書乃後人採掇而成。逮元刻以後，刊校日多，而篇章之分合亦愈見不一，今宋本舊槧既不可睹，欲於今書之中索討舊典之完璧，正如盲者摸象。何能識其大體。然而由其篇章分合之錯綜，亦可想見後人竄亂之迹，此其可疑者二也。

三、由思想矛盾推論

孟子曰：「盡信書不如無書，吾於武城取二三策而已。」誠哉斯言。漢儒王充，研思載籍，究心翰篇，其著論亦有類此之說；如云：「世信虛妄之書，以為載於竹帛上者，皆聖賢所傳，無不然之事，故信而是之，諷而讀之，睹眞是之傳與虛妄之書相違。……夫世間傳書，諸子之書多欲立奇造異，作驚目之論，以駭世俗之人，為譎詭之書，以著殊異之名。」（見論衡書虛）是以古書或以立奇造異而故作虛妄，或以異說竄入而前後矛盾；故讀書如淘金沙，不可混為一談也。尤以晏子春秋一書，乃載嬰身相三君，生前忠慤直諫之言；內容應平實肫懇切乎事情，自不當標新立異作警世駭俗之論。然而案今書之內容，詭詞怪論，不一而足，思想矛盾，所在多有。諸如諫上第二十二章「景公伐宋，遇二丈夫立而怒。晏子占為非泰山之神，乃宋之先祖湯與伊尹，諷公散師以平宋，易行而續好。」文見載於瑣語，事純屬乎無稽，陳仁錫以為寓言（見陳仁錫諸子奇賞晏子眉批），雜下第一章：「莊子不說晏子，晏子坐地訟公曰：嬰聞訟夫坐地，今嬰將與君訟，敢毋坐地乎？嬰聞之，衆而無義，彊而無禮，好勇而惡賢者，禍必及其身，若公者之謂矣；且嬰言不用，願請身去。遂趨而歸，管籥其家者納之公，財在外者斥之市。曰，君子有力于民，則進爵祿，不辭富貴；無力于民而旅食，不惡貧賤。遂徒行而東，畊于海濱，居數年，果有崔杼之難。」吳則虞云：「晏子之父桓子卒於襄公十七年，左傳正義謂晏子時猶未爲大夫，時齊靈公二十六年也。逾年，晉人來伐，靈公入臨淄，晏子止公，（見齊世家）；是晏子入仕，至早亦在靈公二十六年之後。逾明年，崔杼立莊公，在位先後五年，而崔子弒君，晏子哭尸，晏子於此時，並未去朝居東海，此不可信者一。古無臣與君訟之理，晏子既以無禮爲諫，而已復以無禮要君，必無其事，此不可信者二。觀其諫諍之詞，膚淺而不切於事，其辭人人能言之，亦毋庸坐地而後發，此不可信者三。崔氏之擅權，早在靈公之時，不待智者皆知崔氏之患，況崔氏之弒，發於莊公之好色邪僻，與此樂人奏歌，若不相涉，此不可信者四。此乃後人託詞爲之耳」（見吳則虞晏子春秋集釋卷五）。雜下第六章「景公病水，瞢與日鬥，晏子教占瞢者曰，毋反書，公所病者，陰也，日者，陽也，一陰不勝二陽，公病將已，居三日，公病果愈。」事見載於風俗通義恠神篇，傳曰：「神者，申也，恠者，疑也。」晏子身爲景公相，嚮諫公「勿祠靈山河伯，以爲祠之無益，惟德是事。」並以景公疥且瘧，欲誅祝史以說于上帝，而諷其「祝直言情則謗吾君，隱匿過則欺上帝，上帝不神，祝亦無益，故古帝王之君，神明之主，不慢行而繇祭，不輕身而恃誣。」是知棄賢用巫，政亂行僻，均爲晏子切痛而弗爲。今景公病水，瞢與日鬥，竟妄稱一陰不勝二陽，顯與其「民不苟德，福不苟降」之說相違；況應劭風俗通義序曰：「俗間行語，衆所共傳，積非習慣，莫能原察。」故「通於流俗之過謬，而事該之於義理也。」實是教人「反誠據義，內省不疚。」「物莫能動，禍轉爲福。」因此風俗通義之文，多神物終合之論，只可以之觀風化，不得據以爲信史。又內篇雜下第七章，「景公病疽在背，晏子呼宰人具盥，御者具巾，刷手溫之，發席傳薦，跪請無煬，曰：「色如蒼玉，形如珪璧。」然而試硏雜上第十三章「景公使進食與裘，晏子對以嬰非君奉餽之臣也，敢辭，公曰，然夫子之於寡人何爲者也。對曰，嬰乃社稷之臣，夫社稷之臣能立社稷，別上下之義，使當其理，制百官之序，使得其宜，作爲辭令，可分布於四方。自是以後，君不以禮不見晏子。」按臣之事君，古有定儀，晏子旣非御醫，竟跪而撫煬，固非其職分之事，復有傷社稷大臣之風範；至於言煬之溫色情狀，加之以如璧如珪之媚譽，實不啻脅肩諂笑之頑輩，舐痔成嗜之庸醫。羅焌諸子學述有云：「晏子一書，大抵淳于髡優孟優旃之流亞。」豈無的之矢哉？蓋晏子一書取材駁雜，編者失於剪裁，致使其思想陷於矛盾。由此觀之，今書豈眞先秦舊典之完璧耶？此其可疑者三也。

四、由豫言將來推論

晏子書內多豫言將來之事，今書非晏子自撰，乃後儒爲之，墨者損益。近人嚴挺已言之審矣（見光華大學半月刊二卷二期）。玆再申言之：夫管子稱三晉之君，說苑言勾踐聘魏，韓非子記扁鵲見蔡桓侯，列子載晏平仲問養生於管夷吾，皆事與時違，或名似而誤，子書中類此者甚夥，晏子尤烈而已。案今本諫上第十一章景公欲廢適子陽生而立荼，晏子諫，公不聽。景公沒，田氏殺君荼立陽生，殺陽生立簡公，殺簡公而取齊國。」史記景公四十八年書「是歲晏嬰卒」。齊世家載「景公寵妾芮姬，芮姬係淳于人所納，生子荼，事見左哀六年文。左哀六年卽景公五十八年，去晏子卒已歷十載，安有景公廢嫡立少晏子諫乎。第以田氏殺君荼，見左哀六年經傳，殺荼者朱毛陽生，殺陽生見左哀十年經傳。簡公卽悼公子壬，亦景公子。史記齊世家：「田常弒簡公于徐州，田常主立簡公驁，是爲平公，平公卽位，田常相之，專齊之政，平公卒，子宣公積立，宣公卒，子康公貸立，康公十九年，田常曾孫田和始爲諸侯，遷康公海濱，二十六年康公卒，呂氏遂絕其嗣，田氏卒有齊國。」史實俱在，而今本晏子不僅載田氏篡齊事，並晏子諫景公廢長立少亦與焉。又問下第十一章，晏子聘吳，吳王問保威强勿失之道。晏子對以先民而後身，先施而後誅，彊不暴弱，貴不凌賤，富不傲貧，百姓並進，有司不侵，民和政平，不以威彊退人之君，不以衆彊兼人之地，其用法爲時禁暴，故世不逆其志，其用兵爲衆屏患，故民不疾勞，此長保威强勿失之道也。」案史記十二諸侯年表，吳闔閭十一年，代楚取番，是以衆勝兼人之地，十三年陳懷公來，留之，死于吳，是以威强退人之君，晏子先景公卒，上二事雖及見，而於其風燭殘年，史亦不備載其有聘吳之使。張純一晏子春秋校注以爲「闔閭類此行，必有爲晏子所知，而經史不及載者。」又雜上第二十三章，曾子將行，而晏子送之，贈以善言。案楊倞注荀子大略篇云：「晏子先於孔子，曾子之父猶孔子弟子，此云送曾子，豈好事者爲之歟？」張純一晏子春秋校注謂：「史記十二諸侯年表，孔子生於魯襄公二十二年，當齊莊公三年，前五年晉圍臨淄，晏嬰大破之，則晏子長孔子，至少二十餘歲。仲尼弟子列傳，曾子少孔子四十六歲，則少晏子七十餘歲，至從孔子於齊，縱不及二十歲，亦當晏子九十歲，未知晏子果有此壽否？又據年表，景公於五十八年薨，孔子年六十二，據齊世家晏子先景公卒十年，適當孔子五十二歲，曾子生甫七年，楊倞謂好事者爲之，信而有徵矣。」又曰：「然本書問下二十八章，既載曾子問晏子云云，此章又載晏子之贈言，則曾子不必曾參，或史記多不足據與？又案孔子世家，孔子適周見老子後，老子送之曰，吾聞富貴者送人以財，仁人者送人以言，吾不能富貴，竊仁人之號，送子以言，或好事者之所仿與？」此論甚精，足解人惑，雜下第八章晏子使吳，吳王命儐者稱天子，晏子佯惑。蘇時學云：「夫差之立，當定公十五年，上距齊靈之卒已六十年，距晏子居喪之歲則六十二年，晏子當齊靈世，早已知名，必非弱小者，卽使定哀之世，巋然尚存，又豈能以大耋之年，遠使異國乎？此皆好事者爲之；非實錄也。」外上第十一章載景公臺成，盆成适願合葬其母，晏子曰：「然，此人之甚重者也，而恐君不許也。」盆成适蹷然曰：「凡在君耳！且臣聞之，越王好勇，其民輕死。……」蘇時學云：「越王，謂勾踐也。勾踐會稽之敗，當魯哀公元年，後四年而齊景卒，不應在晏子之世，蓋著書者所附益也。」外下十六章，「晏子死，景公馳往哭，哀畢而去。」及十七章，「晏子死，景公哭之，稱莫復陳告吾過。」盧文弨引元刻本注云：「此皆晏子歿後景公追懷之言。」另十八章有「晏子沒十有七年」之文。案晏子歿，史記齊世家在齊景公四十八年，齊魯會夾谷之歲尚在，至哀公五年而景公卒，相距僅十年，安得有十七年之說？倘如所云，當在簡悼之世，在簡悼之世，又何來「晏子沒十有七年，景公飲諸大夫酒」乎？觀上所引，今書多涉晏子身後事，甚者又依託不經，若必以爲其出之齊史，則與晏子生前行誼，扞格不相侔何？此其可疑者四也。

五、由重言重意推論

子書中重言重意者甚夥，而今本晏子爲尤甚。劉向晏子叙錄曰：「其書又有復重，文辭頗異，不敢遺失，復列以爲一篇。」孫星衍云：「謂外篇第七也。俗本以此附內篇，變亂向篇第，明人之妄如是。」經考今書言意復沓者何止外篇第七，卽內篇亦有自相歧異者。玆特綜理內外，將其重言重意之篇章列成一表：

晏子春秋重言意篇目（本表主要取材於吳則虞晏子春秋集釋，張純一晏子春秋校注）

卷別	篇第	標目	卷別	篇第	標目
內諫上	二	景公飲酒酣諸大夫無爲禮晏子諫	外上	一	景公飲酒命晏子去禮晏子諫
內諫上	十二	景公病久不愈欲誅祝史以謝晏子諫	外上	七	景公有疾梁丘據裔款請誅祝史晏子諫
內諫上	十八	景公遊公阜一日有三過言晏子諫	外上	六	景公使祝史禳彗星晏子諫
內諫上	十九	景公遊寒途不卹死胔晏子諫	外上	八	景公見道殣自慙無德晏子諫
內諫上	二十五	景公所愛馬死欲誅圉人晏子諫	外上	十三	景公使燭鄒主鳥而亡之公怒將加誅晏子諫
內諫下	二	景公欲殺犯所愛之槐者晏子諫	內諫下	三	景公逐得斬竹者囚之晏子諫
			外上	九	景公欲誅斷所愛橚者晏子諫
			外下	十一	工女欲入身於晏子晏子辭不受
內諫下	十一	景公爲臺成又欲爲鍾晏子諫	外下	九	景公爲大鍾晏子與仲尼柏常騫知將毀
內諫下	十九	景公登路寢臺望國而嘆晏子諫	問上	八	景公問莒魯孰先亡晏子對以魯後莒先

問上	九	景公問治國何患晏子對以社鼠猛狗
問上	十五	景公問天下之所以存亡晏子對以六說
問下	十	晏子使吳，吳王問可處可去晏子對以視國治亂
問下	二十	叔向問事君徒處之義奚如晏子對以大賢無擇
問下	二十九	梁丘據問子事君不同心晏子對以一心可以事百君
雜上	四	晏子再治阿而見信景公任以國政

問下	十七	晉叔向問齊國若何晏子對以齊德衰民歸田氏
外上	十	景公坐路寢曰誰將有此晏子諫
外上	十五	景公問後世孰將有齊國晏子對以田氏
外上	十四	景公問治國之患晏子對以佞人讒夫在君側
問上	二十一	景公問佞人之事君何如晏子對以愚君所信也
外上	十七	吳王問齊君僈暴吾子何容焉晏子對以豈能以道食人
問下	十一	吳王問保威彊不失之道晏子對以先民後身
外上	十六	晏子使吳，吳王問君子之行晏子對以不與亂國俱滅
外上	十八	司馬子期問有不干君不恤民取名者乎晏子對以不仁也
外上	十九	高子問子事靈公莊公景公皆敬子晏子對以一心
外下	三	仲尼見景公，景公曰先生奚不見寡人宰乎
外下	四	仲尼之齊見景公而不見晏子子貢致問
外上	二十	晏子再治東阿上計景公迎賀晏子辭

雜	上	五	景公惡故人晏子退國亂復召晏子
雜	上	二十八	景公欲見高糺晏子辭以祿仕之臣
雜	下	四	柏常騫禳梟死將爲景公請壽晏子識其妄
雜	下	十二	晏子布衣棧車而朝陳桓子侍景公飲酒請浮之
雜	下	二十四	景公以晏子妻老且惡欲內愛女晏子再拜以辭
雜	下	二十五	景公以晏子乘敝車駑馬使梁丘據遺之三返不受
外	上	二	景公置酒泰山四望而泣晏子諫
外	上	二十二	有獻書譖晏子退耕而國不治復召晏子
外	上	二十三	晏子使高糺治家三年而未嘗弼過逐之
雜	上	二十九	高糺治晏子家不得其俗乃逐之
外	下	二十一	太卜紿景公能動地晏子知其妄使卜自曉公
雜	下	十九	景公以晏子衣食敝薄使田無宇致封邑辭
雜	下	二十	田桓子疑晏子何以辭邑晏子答以君子之事也
雜	上	二十六	景公睹晏子之食非薄而嗟其貧晏子稱有參士之食
外	上	二十四	景公稱桓公之封管仲益晏子邑辭不受
外	上	二十六	晏子衣鹿裘以朝景公嗟其貧晏子稱有飾
外	上	十	田無宇非晏子有老妻晏子對以去老謂之亂
外	上	二十五	景公使梁丘據致千金衣裘晏子固辭不受
諫	上	十七	景公登牛山悲去國而死晏子諫

外上		景公臺成盆成适願合葬其母晏子諫而許
外上	十二	景公築長庲臺晏子舞而諫
外上	四	景公問古而無死其樂若何晏子諫
外上	五	景公謂梁丘據與已和晏子諫
諫下	二十	景公路寢臺成逢于何願合葬晏子諫而許
諫下	五	景公冬起大臺之役晏子諫
諫下	六	景公爲長庲欲美之晏子諫

總計內篇各章一事而兩見者三十有六，外篇上幾無一章不與內篇重複，外篇下亦有三章。蔣伯潛曰：「此皆一事重見於本書而自相歧異者也。由此可知晏子乃由後人綴集傳聞而成，而傳聞又多互異。」（見諸子通考三五四頁）或謂「晏子第七篇記景公疥遂痁，第一篇先記景公疥且瘧，內篇景公曰使古無死如何？晏子曰，若使古而無死，丁公太公將有齊國，桓襄文武皆將相之，外篇景公曰古而無死，其樂何如？晏子曰，古而無死，爽鳩氏之樂，非君所願也。觀其顚倒複沓之處，可知非出一人之手矣。」（見高維昌周秦諸子概論七十三頁），綜覽本表，晏子一書或係後人博采經志，傳聞異辭，事非出一人之手，時經多年之累積，此其可疑者五也。

六、由其與經傳諸子關係推論

晏子與經傳諸子關係互資參證者頗多，人或以爲係晏子取諸經傳諸子（見管同因寄軒文初集卷三讀晏子春秋）。或謂諸書文辭互異，晏子文最古質，足以證發經義（見孫星衍晏子春秋平津館刻本序）。兩說相峙，依違難決，玆整理內外篇各章，凡言意同乎經傳諸子者，別表以明之：

一、書中言意合乎禮記者：

內篇雜上晏子居喪遜答家老仲尼善之第三十，與禮記檀弓禮器合。

二、書中言意合乎孟子者：

內篇問下景公問何修則夫先生王之游對以省耕實第一，與孟子梁惠王章句下齊宣王於雪宮文合。

三、書中言意合乎左傳者：

內篇諫上景公病久不愈欲誅祝史晏子諫第十二，同左昭二十年文。

內篇諫上景公遊公阜一日有三過言晏子諫第十八，同左昭二十六年文。

內篇諫下景公冬起大臺之役晏子諫第五，同左襄十七年文。

內篇問上莊公問伐晉晏子對以不可若不濟國之福第二，同左襄二十三年文。

內篇問下晉叔向問齊國若何晏子對以齊德衰民歸田氏第十七章及十八、十九等，同左昭三年文。

內篇雜上景公賢魯昭公去國而自悔晏子謂無及已第二十，同左昭二十五年文。

內篇雜上晏子居喪遜答家老仲尼善之，同左襄十七年文。

內篇雜上莊公不用晏子晏子致邑而退後有崔氏之難第二及同篇崔慶劫齊將軍大夫盟晏子不與第三，同左襄二十五年文。

內篇雜下田無宇勝欒氏高氏欲分其家晏子使致之公第十四，同左昭十年文。
內篇雜下景公欲更晏子宅晏子辭以近市得所求諷公省刑第二十一及同篇景公毀晏子隣以益其宅晏子因陳桓子以辭第二十二，同左昭三年文。
內篇雜下子尾疑晏子不受慶氏之邑晏子謂足欲則亡第十五，同左襄二十八年文。

四、書中言意合乎史記者：
內篇雜上晏子之晉睹齊纍越石父解左驂贖之與歸第二十四及同篇晏子之御感妻言而自抑損晏子薦以爲大夫第二十五，同史記管晏列傳。

五、書中言意合乎管子者：
內篇問下景公問何修則夫先王之遊晏子對以省耕實第一，與管子卷十戒第二十六意同而辭略異。

六、書中言意合乎列子者：
內篇諫上景公登牛山悲去國而死晏子諫第十七，與列子力命第六同意而辭微異。

七、書中言意合乎墨子者：
外篇下仲尼見景公景公欲封之晏子以爲不可第一，與墨子卷九非儒下第三十九意同而辭略。

八、書中言意合乎荀子者：
內篇雜上曾子將行晏子送之而贈以善言第二十三，與荀子大略篇文意同。

九、書中言意合乎韓非子者：

內篇雜下景公欲更晏子宅晏子辭以近市得所求諷公省刑第二十一，與韓非子難二文意略同。

內篇諫下景公登路寢臺望國而嘆晏子諫第十九，問下晉叔向問齊國若何晏子對以齊德衰民歸田氏第十七，外上景公坐路寢曰誰將有此晏子諫第十及同篇景公問後孰將踐有齊者晏子對以田氏第十五，與韓非子外儲說右上同。

內篇問下魯公問魯一國迷何也晏子對以化爲一心第十三，韓非子內儲說上用此文而辭稍簡。

十、書中言意合乎呂氏春秋者：

內篇雜上崔慶刼齊將軍大夫盟晏子不與第三，與呂氏春秋知分所載同。

內篇雜上晏子遺北郭騷米以養母騷殺身以明晏子之賢第二十七，同呂氏春秋士節文，同篇晏子之晉睹齊纍越石父解左驂贖之與歸第二十四，同呂氏春秋觀世文。

十一、書中言意合乎淮南子者：

內篇雜下柏常騫禳梟死將爲景公請壽晏子識其妄第四，與外上太卜紿景公能動地晏子知其妄使卜自曉公第二十一，同淮南子道應篇。

十二、書中言意合乎孔叢子者：

外篇下仲尼見景公景公欲封之晏子以爲不可第一，孔叢子詰墨引述墨子非儒篇此文，並加詰難。

十三、書中言意合乎韓詩外傳者：

內篇雜上崔慶刼齊將軍大夫盟晏子不與第三，同韓詩外傳卷二文。

內篇諫上景公所愛馬死誅圉人晏子諫第二十五，與韓詩外傳卷八卷九所載適同，而稱謂微異。內篇雜上晏子使魯有事已仲尼以爲知禮第二十一，與韓詩外傳卷四意同。

內篇問上景公問治國何患晏子對以社鼠猛狗第九，韓詩外傳卷七同此文，但內容略簡。外上田無宇非晏子有老妻晏子對以去老謂之亂第十，同韓詩外傳卷九。

內篇諫上景公登牛山悲去國而死晏子諫第十七，與韓詩外傳卷十意同，而辭稍略。

內篇雜下楚王欲辱晏子指盜者爲齊人晏子對以橘第十，同韓詩外傳卷十。

內篇諫上景公從畋十八日不返國晏子諫第二十三，同韓詩外傳卷十。

十四、書中言意合乎鹽鐵論者：

外下仲尼見景公景公欲封之晏子以爲不可第一，鹽鐵論論誹第二十四引此文，但措辭甚簡。

十五、書中言意合乎說苑者：

內篇雜上景公睹乞兒於塗晏子諷公使養第十，說苑貴德篇載此文。

內篇雜上景公憐飢者晏子稱治國之本以長其意第八，說苑貴德篇載此文。

內篇雜上晏子再治阿而信見景公任以國政第四，說苑政理篇載此文。

內篇問上景公問爲政何患晏子對以善惡不分第三十，說苑政理篇載此文。

內篇雜下靈公禁婦人爲丈夫飾不止晏子請先內勿服第一，說苑政理篇載此文。

內篇雜下齊人好轂擊晏子紿以不詳而禁之第二，說苑政理篇載此文。

內篇諫下景公爲臺成又欲爲鍾晏子諫第十一，說苑正諫篇載此文。
內篇諫上景公所愛馬死欲誅圉人晏子諫第二十五，說苑正諫篇載此文，措辭微異。
內篇雜上景公慙刖跪之辱不朝晏子稱直請賞之第十一，說苑正諫篇載此文。
內篇雜上景公夜從晏子飲晏子稱不敢與第十二，說苑正諫篇載此文。
內篇諫下景公朝居嚴下不言晏子諫第十七，說苑正諫篇載此文。
內篇雜下晏子使吳吳王命儐者稱天子晏子佯惑第八，說苑奉使篇載此文。
外上吳王問齊優暴吾子何容焉晏子對以豈能以道食人第十七，說苑奉使篇載此文。
內篇雜下楚王饗晏子進橘置削晏子不剖而食第十一，說苑奉使篇載此文。
內篇雜下晏子使楚楚爲小門晏子稱使狗國者入狗門第九，說苑奉使篇載此文。
內篇問上景公問莒魯孰先亡晏子對以魯後莒先第八，說苑權謀篇載此文。
內篇雜上曾子將行晏子送之而贈以善言第二十三，與說苑雜言意同辭異。
內篇雜上晏子遺北郭騷米以養母騷殺身以明晏子之賢第二十七，說苑復恩篇載此文。
外上景公使燭鄒主鳥而亡之公怒將加誅晏子諫第十三，說苑正諫篇載此文。
內篇雜下楚王欲辱晏子指盜者爲齊人晏子對以橘第十，說苑奉使篇載此文。
內篇問上景公問欲善齊國之政以干霸王晏子對以官未具第六，說苑君道篇載此文。
內篇雜上高糾治晏子家不得其俗乃逐之第二十九，說苑臣術篇載此文。

內篇諫下景公獵逢蛇虎以爲不祥晏子諫第十，說苑君道篇載此文。
外下晏子歿左右諛弦章諫景公賜之魚第十八，說苑君道篇載此文。
內篇雜上景公使進食與裘晏子對以社稷臣第十三，說苑臣術篇載此文。
內篇問上景公問忠臣之事君何若晏子對以不與君陷于難第十九，說苑臣術篇載此文。
內篇雜下景公以晏子乘弊車駑馬使梁丘據遺之三返不受第二十五，說苑臣術篇載此文。
內篇雜下晏子布衣棧車而朝田桓子侍景公飲酒請浮之第十二，說苑臣術篇載此文。
內篇雜下景公以晏子食不足致千金而晏子固不受第十八，說苑臣術篇載此文。
內篇雜下梁丘據自患不及晏子晏子勉據以常爲常行第二十七，說苑建本篇載此文。
內篇雜上晏子飲景公止家老斂欲與民共樂第十四，說苑貴德篇載此文。
內篇雜上景公探雀鷇鷇弱反之晏子稱政幼以賀第九，說苑貴德篇載此文。
外上景公見道殣自慚無德晏子諫第八，說苑至公篇載此文。
內篇諫下景公獵休坐地晏子席而諫第九，說苑雜言篇載此文。
內篇雜下柏常騫禳梟死將爲景公請壽晏子識其妄第四，說苑辨物篇載此文。
內篇諫上景公欲祠靈山河伯以禱雨晏子諫第十五，說苑辨物篇載此文。
內篇雜下景公冑五丈夫稱無辜晏子知其冤第三，說苑辨物篇載此文。
內篇諫下景公登射思得勇力士與之圖國晏子諫第二十五，說苑修文篇用此文。

內篇雜上晏子飲景公酒公呼具火晏子稱詩以辭第十五，說苑反質篇載此文。

內篇雜下晏子病將死妻問所欲言云毋變爾俗第二十九，說苑反質篇載此文。

十六書中言意合乎新序者：

內篇雜上齊崔、慶，刼齊將軍大夫盟晏子不與第三，新序節士篇載此文。

外上景公使祝史禳彗星晏子諫第六，新序雜事篇載此文。

內篇雜上晏子之晉睹纍越石父解左驂贖之與歸第二十四，新序節士篇載此文。

內篇雜上晉欲攻齊使人往觀晏子以禮侍而折其謀第十六，新序雜事篇載此文。

外上景公飲酒命晏子去禮晏子諫第一，新序刺奢篇載此文。

內篇問上景公問忠臣之事君何若晏子對以不與君陷于難第十九，新序雜事篇載此文。

十七、書中言意合乎列女傳者：

內篇諫下景公欲殺所愛之槐者晏子諫第三，列女傳卷六辯通載此文。

內篇雜上晏子之御感妻言而自抑損晏子薦以為大夫第二十五，列女傳卷二賢明載此文。

十八、書中言意合乎風俗通義者：

內篇雜下景公病水瞢與日鬪晏子敎占瞢者以對第六，風俗通義卷九恠神篇載此文。

十九、書中言意合乎論衡者：

外上景公使祝禳彗星晏子諫第六，論衡變虛意同辭異。

內篇雜上晏子使魯有事已仲尼以爲知禮第二十一，論衡知實撮其文意。
外上太卜紿景公能動地晏子知其妄使卜自曉公第二十一，論衡變虛撮其文意。
內篇問上景公問忠臣之事君若何晏子對以不與君陷于難第十九，論衡定賢用此文。
內篇諫上景公將伐宋瞢二丈夫立而怒晏子諫第二十二，論衡死僞用此文。

二十、書中言意合乎孔子家語者：

內篇雜上曾子將行晏子送之而贈以善言第二十三，家語卷四六本意同而辭微異。

總計晏子言意合乎經傳者二十五章，合乎史記者二章，合乎秦漢諸子者七十有八章，其中以言同左氏二十三章與說苑四十章者復較合他書者爲多，次合韓詩外傳者有八，合新序者較外傳減二，是知晏子之爲書與夫左傳、韓詩、說苑、新序之關係最爲密切，韓嬰小傳僅言韓生以易授人，推易意而爲之傳，不及其他，故未遑據以推論。劉向說苑叙錄云：「所校中書說苑雜事及臣向書，民間書，誣校讎，其事類衆多，章句相混，或上下謬亂難分別次序，除去與新序復重者，其餘者淺薄不中義理，別集以爲百家，後令以類相從，一一條別篇目，更以造新事十萬言以上，凡二十篇，七百八十四章，號曰說苑。」曾鞏說苑序謂「向采傳記百家所載行事之迹，以爲此書奏之，欲以爲法戒。」由叙錄與曾序知說苑之文凡合乎晏子者，皆係說苑采諸晏子，非晏子采自說苑也。蓋晏子成書於戰國末期，左傳孟子之後，韓詩之前與？此其可疑者六也。

七、由注疏節引晏子之文與今本不同推論

唐宋已來，傳注家多引晏子，問上云：「內則蔽善惡於君上，外則賣權重於百姓。」藝文類聚作「出則賣重寒熱，入則謁謙奴利」。一作「出則賣寒熱，入則比周。」襍下「繁組馳之，文選注作「擊驛而馳，」韓非作「煩且；」諫下「接一搏猏，而再搏乳虎，」後漢書注作「持楯而再搏猛虎」；問上「仲尼居處惰倦」，意林作「居陋巷」，諫上「天之降殃，固于富彊，爲善不用，出政不行」，太平御覽作「當彊爲善」，孫星衍云：「與此皆不同，所見本異。」又以「此皆唐宋人傳寫之誤，若是僞書，必采錄傳注，何得有異。」雜上「既醉以酒既飽以德」，王念孫云：「案此二句後人所加。晏子引賓之初筵以戒景公，前後所引，皆不出本詩之外，忽闌入既醉之詩，則大爲不倫，其謬一也。既醉之詩，是說祭宗廟旅酬無筭爵之事，非賓主之禮，今加此二句，則與下文「賓主之禮也」五字不合，其謬二也。說苑反質篇有此二句，亦後人依俗本晏子加之，不可信。」雜上「夫不出于尊俎之間，而知千里之外，其晏子之謂也。可謂知折衝矣！」新序與此同，而文選張協雜詩注，冊魏公九錫文注，爲袁紹檄劉豫州文注、爲石仲容孫皓書注、演連珠注、楊荆州誄注，並引作「不出尊俎之間，而折衝千里之外，晏子之謂也。」皆無「可謂折衝矣」句，越石父曰：「吾聞之，至恭不修途，尊禮不受擯，夫子禮之，僕不敢當也。」吳則虞云：『至恭不修途』者，應上文改席而言，凡禮不改席者有二；一曰禮差輕者，二曰禮太重者。聘禮『賓問卿，卿受于祖廟，及廟門，大夫揖入，擯者請命。』注『不几筵，辟君也，此『至恭不修途』之義也。』『尊禮不受擯』者，『擯』爲儐之異體，實一字也，士昏禮擯者出請，賓告事畢，入告，出請醴賓。」賈疏云：「秋官司儀云，諸公相與賓，及將幣，賓亦如之。」注云：「上於下曰禮，敵者曰儐。」聘禮「卿亦云無儐。」注云：「無儐，辟君，是大夫已上尊，得有禮儐兩名，士以下卑，唯稱禮也。」此文上云禮之，是有禮而無儐明矣。故曰尊禮不受儐，晏子爲之改筵，禮也，又爲禮之而不儐，亦禮也，故云『敢不敬從』。若晏子不改筵而儐，則非禮矣，今本作『不敢當也』，與上兩句適相反，蓋自唐以來，儀禮難讀，因妄改之。」雜下第三有「夜猶早，公姑坐睡。」御覽兩引皆無姑字，文選注作「夜坐睡」，此亦沿說苑增入（見吳則虞晏子春秋集釋）。第九章「晏子使楚，以晏子短。」藝文類聚二十五，御覽三百七十八引作「晏子短小使楚。」藝文類聚五十三、九十四、御覽九百五，事類賦注二十三俱引作「晏子短使楚。」白帖二十四引作「晏子短小，使於楚。」說苑作「晏子使楚，晏子短。」御覽一百八十三引作「晏子使楚，晏子身短。」均與今書不同。外上第二十一章有「公召晏子而告之。」淮南論衡俱作「晏子往見公，公曰」與此異。而兩書相同。吳則虞云：「今本晏子或非漢人所見之舊。」（見晏子春秋集釋）外下第一章末載「于是厚其禮而留其封，敬見不問其道；仲尼廼行。」案墨子非儒篇於「敬見不問其道」句下，尚有「孔丘乃恚怒于景公與晏子，乃樹鴟夷子皮於田常之門，告南郭惠子以所欲爲，歸於魯。有頃，間齊將伐魯，告子貢曰，賜乎，擧大事於今之時矣」云云。孫星衍音義以爲「疑本晏子春秋，後人以詆譏孔子，乃刪去其文，改爲『仲尼廼行』四字。」由以上節引，不僅唐宋學者注疏所知見之本，與今書逈異，卽兩漢如淮南論衡引晏子者，亦與現行俗本之文字不同，可知今書非唐宋晏子之舊，而尤非先秦之完璧，後人意改之處，想或不免，眞本晏子既不可得，而今所得見者復采掇於何時，此其可疑者七也。

結論

或曰：「今本晏子誠有可疑，而孫伯淵力褒章之，說其出於齊之春秋，或說嬰死，賓客哀之，於是裒集其生前行事以成書，斯言當有所據，則作者及其著述年代果可知乎哉？」答曰：「夫讀諸子書者，宜留意求其大義。昔時治子者，多注意名物訓詁，典章制度，而於大義顧罕研求，此由當時偏重治經，取以與經義相證，此乃治經，非治子也。諸家固亦有知子之大義足貴，從事表章者；然讀古書，固宜先明名物制度，名物制度既通，而義乃可求；自漢以後，儒學專行，諸子之書，治之者少，非特鮮疏注可憑，抑且乏善本足據，校勘訓釋，爲力已疲，故於大義，遂罕探討，善夫章太炎先生之言曰：『治經治子，校勘訓詁，特最初門徑，大略言之，經多陳事實，諸子多明義理，校勘訓詁而後，不得不各有所主，故賈馬不能理諸子，而郭象張湛不能治經』（見華國月刊四期與章行嚴論墨學第二書）。晏子春秋者，首見知於史記，評隲乎要略，典校於劉向，文同乎經傳諸子者百數章，誠先秦舊典，然向、歆之後，代經浩劫，要籍失修，是以晏子之道雖明並日月，而陰霾重昏，孫氏星衍爲之音義，力加褒章，謂其出于齊之春秋，書成乎左氏之前，故凡晏子有異於左傳者，皆以爲後人以左傳臆改之，甚矣！孫氏之不詳也。觀夫晏子與左傳、韓詩、新苑、之關係可知矣。文同左傳者二十四章，同韓詩者有八，合新苑者四十有六，至其與管、列、墨、荀同者，僅一二而已。苟求其故，蓋以左傳早出，故作者雜采傳志之成說；而與管、列、墨、荀皆並世之作，是以其寫作體式互相影響者多，內容故實承襲者少也。（如晏子文皆由故事寓言所構成，管子、列子、荀子莫不皆然，墨子除經上、經下、經說上、經說下、大取、小取六篇之外，亦同此例）當呂不韋使其客，人人著所聞，集論以爲八覽、六論、十二紀之時，晏子之諫想或已書，「故呂覽文同晏子有三。此三篇皆在今書內篇雜上，中有一篇卽太史公所謂「軼事」，蓋呂覽既由人人著所聞，則此三篇皆晏子軼事，自不待言。觀淮南要略云：「齊景內好聲色，外好狗馬，獵射忘歸，好色無辨，作爲路寢之臺，族鑄大鍾，撞之庭下，郊雉皆呴，一朝用三千鍾贛，梁丘據子家會導於左右，故晏子之諫生焉。」文引各點全見今書內篇諫上諫下，其他問上、問下、雜上、雜下、及外篇上、下不與焉。且稱「晏子之諫生焉」，至於晏子名春秋，始見於太史公之管晏列傳，則淮南劉安之時，晏子之書名與內篇或與史遷所見者有別。再則晏子諫既義同乎諸子，其遭秦厄甚明，漢興雖大收篇籍，廣開獻書之路，而時迄孝武，始嘆禮壞樂崩，建臧書之策，置寫書之官（見班固漢書藝文志），下及諸子傳說皆充秘府，史遷述著，始有今名。但班固漢書藝文志承七略之說，反著晏子，不名春秋。是證安、史以前，晏子之書，內容頗多複重，書名亦所見多異，因此光祿大夫劉向領校中秘，總凡晏子中外書三十篇，爲八百三十八章，除復重二十二篇，六百三十八章，定者八篇，二百一十五章，外書無有三十六章，中書無有七十一章，中外皆有以相定（見劉向晏子叙錄），迨向采傳記百家所載行事以成新序、說苑列女傳（見曾鞏說苑序）其中襲自晏子者有四十八章，由淮南要略劉向叙錄之言，知晏子成書於戰國，名曰晏子諫，其文僅含有諫上、諫下。西漢文、景之後，眞贋間出，太史所藏晏子已增至五篇，迨成哀之際，中府所藏晏子竟達三十篇，八百三十八章，正見晏子之學，彼時講者甚多，合而編之，都爲一書，題之曰晏子云耳。然則晏子之標題，不過爲表明學派之方便計，不謂書卽其人所著也。

以上乃說明晏子之爲書，實係好晏子學者之集體創作，或采經傳，或錄記聞，或屬依託，皆經長時期之累積，至劉向始校定刋布，使原有繽紛滿目之簡册，藉鈎沉之力，而成綱擧目張，可置旁御覽之善本。自漢迄今，又二千年矣，書缺簡脫，尤倍烈於暴秦之世，卽就晏子一書而論，唐魏徵群書治要與馬總意林所錄晏子篇目卷次以及文義措辭，均較劉向叙錄所稱微異，宋崇文總目復載晏子八篇今亡，今書乃仿元刻本，既非宋槧舊刋，又與先秦載籍不同，吾人欲以今議古，搜討其作者及著述年代，徒增困惑而已，明乎此，則知晏子之年代事迹，僅可粗知大略，實不容鑿求，若更據其中之記事以讀古史，則尤易致誤矣。竊謂整治諸子之書，當着重於其學術思想，觀乎晏子，得不然乎？」

或曰：「晏子作者及著述年代既可僅知大略，更云治諸子當重其學術思想，尤以今本晏子特仿元刻以行世，其中眞僞交錯，眞本既不可得，僞品又復害眞，若據此以研討晏子之學術思想，勢有所不能，而今又欲爲之，如之何則可？」答曰：「古代簡册緐重，人鮮著書，後世節錄其詞，是曰追述。伏羲十言之教，三五墳典之遺，胥是物也。若神農、黃帝之書，風后、力牧之作，則並習其學者所依託，班志已明著之矣。炎漢以來，讖緯秘書，逸書逸禮，莫不附諸孔氏以爲重，由是王肅之家語，劉炫之連山，梅賾之古文尚書，層出不窮，充塞四部，致讀者迷於鑑別，情僞不分，淆亂學術，弊何可言！幸唐宋以後，學者勇於疑古，率能考訂眞僞，斠擧正誤，使一切附會之言，勿得遁跡隱形，致令今人，披覽古籍，少費無益之心思，易收會通之實效者，皆前修之厚貺也。然而各家辨諸子眞僞之術，常囿於書面之文字，而闇於學派之流衍，不知諸子不自著述，今其書之存者，大抵治其學者之所爲，合而編之，取其學派中最著之人，因以名書，故題曰某子者，本在表明學派之詞，不謂書卽其人所著也。（說見前答）如胡適之摘管子小稱篇記管仲將死之言，七臣七主言吳王好劍，楚王好細腰之語（見中國哲學史大綱第一篇導言）以爲此書後人僞作。梁任公以老子中有偏將軍、上將軍之名（見學術講演集評胡著中國哲學史大綱），謂爲戰國人語。甚如柳宗元說劉向敘錄『列子，謂爲鄭繆公時人。』而其書言子產、鄧析，去繆公幾百有餘年（見註釋音辯唐柳先生集卷四），推其書亦多增竄，非其實。晁公武言『仁壽四年，王通始至長安，李德林卒已九年，而文中子有德林請見之語。關朗在太和中見魏孝文，自太和丁巳至通生之歲開皇四年甲辰，一百七年矣，而書謂問禮於關子』（見郡齋讀書志）。是皆據諸子中之記事以斷眞僞，此法誠有可采，但亦不可專恃；否則如論語載『孟氏使陽膚爲士師，問於曾子』（見子張篇）。苞氏曰：『陽膚曾子弟子。』國語有『句踐之伯，陳蔡之君皆入朝。』顧炎武日知錄云：『其時有蔡無陳。』呂氏春秋記「顏闔見魯莊公。」顧炎武又云：「顏闔穆公時人，去莊公十一世（見日知錄）。是以苟據此以考諸子，則諸子實無一爲眞，莊子曰：『寓言十九，重言十七，卮言日出，和以天倪。』故河伯海若現身以擬人（見秋水篇）。孔子盜跖指面相詰難（見盜跖篇）。莊子書如此，先秦各家何獨不然。後人不暇味此，竟據此以辨眞僞，若眞僞可假此而稍辨，則先秦無眞書矣。夫晏子生於齊頃公之世，早仲尼三十餘歲，歷相靈公、莊公、景公，其人長於政事，劉向敘錄云：『晏子聞强記，通于古今，節儉力行，盡忠極諫，道齊國君，得以正行。』雖云『博聞强記，通于古今』，然博亦未嘗言其卽爲著書之人。古人無自傳之體，晏子春秋敘晏子行事，非嬰手撰，不辨自明。其所以尚須辭費者，非僅及是書之眞僞問題，而目光實注於今本晏子春秋之整理問題也。至於言索討晏子學術思想，亦非晏子一人之學術思想，乃晏子學派之學術思想也。明乎此，方足以言先秦諸子之眞僞，亦惟其如此，始可與蠡測晏子春秋學術思想之全貌。夫學者究宣載籍，討覈羣言，將以平章學術，根極源流，通倫類以斠異同，明統緒而條變易。誠以諸子學不純師，其流斯異，故韓非有言：『孔墨之後，儒分爲八，墨離爲三，取舍相反不同，而皆自謂眞孔墨。』（見韓非子顯學篇）是證同一師承，立言亦未必一致，況晏子結集於戰國，分合於兩漢，雜亂乎元明者哉！若只斤斤於一時一事之眞僞，疏察其大本大原之要義，信雖皓言勤劬，終不能有所獲也。故通倫類，則晏子春秋之學術思想，卽如日月經天；明統緒，則晏子春秋之眞僞得失，不啻涇渭分明。說者習乎流俗，行而不察，致此一書，兩千年來，猶淹沒於荒煙蔓草間，豈不可惜也哉？」

或曰：「整治諸子，當首重學術，其說審矣。但古來有列晏子於儒家者，如班固漢志，有改入墨家者，如柳子厚辨晏子春秋；亦有屬之傳志史部者，如紀昀四庫提要，異說紛紜，徒滋迷惘。今欲究晏子之思想，誠須先通其倫類，然則，晏子之思想果何屬乎？」答曰：「荀卿勸學云：『倫類不通，不足謂善學。』學記曰：『古之學者比物醜類。』信哉！研治學術，必先知其倫類也！晏子生於春秋之世，欲通其學術思想之倫類，首須知周秦諸子之流派。昔人言諸子淵源流別者，多有不同，莊子天下篇、淮南要略訓、太史公論六家要指、及漢書藝文志、四篇之中，漢志踵七略之說，最爲完備；而莊子所論，推重儒、墨、老三家，頗能挈當時學派之大綱，至稱精確。劉向典校秘書，廣搜異本，除去複重，條別篇次，是正訛謬，辨僞別眞，總論一書之指歸，著爲別錄；子歆攝要鉤玄而成七略。七略者：羣書之錧鍩，學術之淵藪也；其諸子略以思想系統爲分類之標準，申明流別，最重家數，觀史記管晏列傳張守節正義引七略說：『晏子春秋七篇，在儒家。』今七略之不傳也久矣，班固漢志依七略而成書。其諸子略儒家，即首列晏子，固自注『名嬰，謚平仲，相齊景公，善與人交，有列傳。』師古曰：『有列傳者，謂太史公書。』至唐，貞觀十五年勅于志寧、李淳風、韋安仁、李延壽等撰隋書經籍志，其序云：『今考見存，分爲四部，合條爲一萬四千四百六十六部，八萬九千六百六十六卷，其舊錄所取，文義淺俗，無益教理者，並刪去之；其舊錄所遺，辭義可采，有所弘益者，咸附入之。遠覽馬史班書，近觀王阮志錄，挹其風流體制，削其浮雜鄙俚，離其疏遠，合其密近，約文緒義，凡五十五篇，各列本條之下，以備經籍志。』志中子『儒家』錄『晏子春秋七卷，齊大夫晏嬰撰。』是自漢以來，皆以晏子春秋爲儒家之書，舉無異說也。至柳宗元辯晏子春秋以爲『墨好儉，晏子以儉名於世，故墨子之徒尊著其事以增高爲已術者。……後之錄諸子書，宜列之墨家。』元馬貴與文獻通考即循柳氏說，於子部墨家錄晏子春秋十二卷，四庫提要云：『晏子一書乃後人摭其軼事爲之，雖無傳記之名，實傳記之祖也，舊列子部，今移入於此。』夫晏子八卷漢志以爲儒家之冠冕，至柳氏後，而成墨學之附庸，迨及清開四庫，更叛離子部，改屬史傳，噫！古近去取，何啻天壤哉！若漢隋二志之見是，則柳氏四庫之說爲非；若柳氏四庫之說是，則漢隋二志之見爲非，二者必居一於此矣。善乎劉向之敍曰：『其書六篇，皆忠諫其君，文章可觀，義理可法，皆合六經之義。』向、歆、父子其識見當與馬班相上下，且去古猶未遠，說或可信。故孫氏星衍著音義以爲『柳宗元文人無學，謂墨氏之徒爲之，郡齋讀書志，文獻通考承其誤，可謂無識，晏子尙儉，禮所謂國奢則示之以儉，其居晏桓子之喪，禮亦與墨異。』夫言子厚無學，未免責賢求備，晁馬二氏失於精檢，殆勿庸議。陳直駁提要曰：『案列國以來，春秋名書之義有三：有紀一人之事者，晏子春秋是也；有成一家之言者，虞氏春秋、呂氏春秋是也；有記一時之事者，楚漢春秋、吳越春秋是也；名雖同而派別微異，此書卽後代別傳之胚胎，實爲子部之支流。紀昀四庫提要入於史部，未免循名而失實矣。』後之學者常設奇以眩世，故所言有未可輕言者！且余意徒託空談，不足以折子厚之心，欲證子厚之論爲是爲非，當就晏子春秋本文中求之，晏子之爲儒家，乃的當不移者也（詳見第三章晏子所屬學派論。）總以唐、宋人疑古過甚，偶有所得，便以爲驪珠已握，荆玉在抱，遂率爾立說，誹詆前修，此殊背多聞闕疑之道。故吾曰『專己守殘，逞臆妄說，不若明辨原流整理故舊之爲尙也。』夫研究晏子學術思想，必持同中觀異，相反相成之態度。然後其本末精粗方有所明，全體大用乃可得見，質之博雅，豈其然乎？」

或曰：「學術消沉，由於流別之不明，得聞緒論，可謂片言解惑，善息羣喙矣。班固漢書藝文志列晏子爲儒家，其觀瀾索源，必有所據，然今書已非漢唐之舊，欲整齊其故實，尋佚文於不墜，則爬羅剔抉，良多困難，但大匠斲輪，運斤有術，如承詳加開示，非僅釋千年未解之惑，亦且闡先儒不傳之秘，豈不善乎？」答曰：「莊周以學海無涯，期勉來者，荀卿以曲知未識，正名解蔽，若余者末學膚受，烏敢妄言！雖然，竊嘗聞之：中夏爲禮敎之邦，儒學實天下共尊，其道統天人，主敎化，曲成萬物而不遺，久歷百世而彌芬，廣大精微，仁覆後世，吾人讀聖賢書，所爲何事？豈可任先賢之大義微言，鬱而不明者哉！夫晏子春秋乃儒家之冠冕，諸子之翹楚，內容雖僅述晏嬰一人之生平行誼，而究其所處之時代，正五伯爭霸，七雄擾攘，民不堪命，禮失諸野，臣弒其君，子弒其父，諸侯奔走不得保其社稷者不可勝數；而景公復『內好聲色，外好聲色，獵射忘歸，好色無辨，梁丘據、子家噲導於左右』，（更生案：此取淮南子要略文）崔、慶、田氏謀動干戈於邦內，於是權歸私家，政出宦門。當此時也，晏子勇義篤禮，節儉力行，置身羣枉之中，進退成規，不失大人之節，危行譎諫，盡是聖德之行，因此國賴以安，君乎以顯，太史公云：『孔子之所嚴事，於周則老子，於衞蘧伯玉，於齊晏平仲（見史記仲尼弟子列傳）。』孔子至聖，猶不掩善，況吾人復不逮聖人者哉！居今日而研舊學，若罔視諸子之學術思想，可謂寡聞；齊百家，如不及晏子春秋，可謂少識；治晏子春秋，如不踐履篤實，私淑平仲，非聖人之徒也，可謂無品。

夫晏子春秋文頗紛繇，理至奧衍，非窮搜冥索，原始要終，察曲以知其全，執微以會其通，不克提綱領以挈都凡，據定律而斷衆埜也。昔何休解公羊，必檃括使就繩墨；賈逵治左氏，亦朱墨以列條例，此前儒治學之方，爲吾人所應取法者也。故整治晏子之書，首以創通義例爲尚，執規矩以定方圓，然後祛僞存眞，庶幾可以明其學說矣。茲試擬義例八條以定眞僞如次：

一、凡文合經傳者，雖或經後人變亂，但有經傳依據，猶可信以爲眞。

二、凡文合晚周諸子者，因書出並世，故可藉此會通其思想，不可據以考校眞僞。

三、凡成哀以後，諸子文同晏子者，皆據劉向校本登錄，可信爲眞。

四、凡古注如郭璞爾雅注、李善文選注……等引述晏子，其所見乃唐以前舊本，時猶近古，可信。

五、凡唐宋類書，如馬總意林、魏徵治要……等散載晏子之佚文，所見乃當世舊本，去古未遠，可據以徵其眞。

六、凡先儒評述晏子眞僞之言，得爲考辨之旁證。

七、凡晏子義合劉向晏子敍錄及班固漢書文志所稱述者爲眞，悖者爲僞。

八、凡晏子重言重意篇目，必傳聞異辭，可就其辭義之最備者，擇取其一。

據上述義例，以檢覈晏子春秋八篇，二百十五章。略其外上十九章（劉向敍稱文辭復重），外下四章及內篇諫上第二、第十一、十二、十八、十九、二十四、諫下第二、第三、十九、二十、問上第八、第九、二十一、雜上第二十四、二十五、二十八、二十九等二十章（見本節五晏子春秋重言重意篇目），另有外下除四章（十一、九、三、四）與內篇重復不計外，其餘十二章，頗悖經術，似非晏子言，疑後世辯士所爲者，故亦應刪除（見劉向敍錄、孔叢子詰墨、墨子非儒下、盧文弨晏子春秋拾補、王念孫讀書雜志，蘇時學爻山筆話、劉師培晏子春秋補釋、張純一晏子春秋校注）內篇六篇一百五十三章中，問上第五景公問聖王其行若何晏子對以衰世而諷。雜上第五景公惡故人晏子退國亂復召晏子。文末均引墨子之言，先儒向以此爲詰難之的，疑墨子之徒嘗著其事，以增高已術者所爲；雜上第一景公不說晏子，晏子坐地訟公而歸，雜下第二十四景公以晏子妻老且惡欲內愛女晏子再拜以辭，同篇第三十晏子病將死鑿楹納書命子壯而示之，事涉不經，變亂思想，道聽而塗說，類淳于髡滑稽之流。雜下景公病水瘖與日鬭晏子教占夢者以對第六，同篇景公病瘍晏子撫而對之迺知羣臣之野第七，皆荒誕不切事情，似稷下談天雕龍之亞也，以上七章，疑異家之言，誤合本書，故亦不取。殘存內外篇共一百五十六章，多合經傳史子，或魏晉隋唐學者注疏之文，至於唐宋類書引述者尤更僕難數，足徵『晏子六篇，皆合六經之義。』劉向敘錄所言不妄也。若準是以求晏子之學術思想，籠圈條貫，洞察幽微，如衣有領，似網提綱，可收執簡御緐，振敝起廢之效矣。」

或曰：「因學術思想之同異以徵晏子春秋之眞僞，人有譏此偏於主觀者，未知尚有說乎？」答曰：「夫眞僞混淆，則學說湮晦，異家錯處，則流別不明，此誠爲治子學之累，故亟宜揀剔，揀剔之法，仍宜就學術求之。既觀其同，復會其異，即其同異，更求其說之所自來，及其分合之由，如是，則晏子之學術可明，流別可見。人有譏此法之偏於主觀者，誠以考校書中事實及文辭皆難以足恃，則不得不出乎此也。」

第二節　晏子春秋板本考

昭文張氏所藏元刻本

昭文張氏所藏元刻本，拜經樓藏書題跋云：「元刻本晏子春秋八篇，篇內如首章莊公矜勇力不顧行義晏子諫第一，後同，明時本作「諫矜勇力不顧行義」，不書全題，又篇內按語，俱作大字，加圓圍以別之，明時本則作小字分注于下，與此迥然不同矣。惜首闕半頁，有「書帶草堂」「疑冬書屋」「馬叔靜圖書記」諸印，紙墨俱古。抱經堂羣書拾補云：『劉向敘錄云：「定著八篇，二百一十五章。」予所見者，明吳勉學本止七篇二百三章，今陽湖孫氏星衍沈啓南、吳懷保校梓者，分八篇，多十二章，與敘錄之數適合，今此本篇章亦同，學士曾借校並補刻全目於後，書云：「余校晏子將竣，吳槎客示余元人刻本，其每卷首有總目，又各標于當篇，今本皆缺目錄，以此補之。」平津舘鑒藏書籍記卷一云：「前有目錄，劉向校上晏子奏，」每篇又分小篇目，列於每卷之首，總二百十五章，盧氏羣書拾補稱：『吳槎客示余元人刻本，其每葉首有總目，又各標於當篇。』即此本，每葉十八行，行十八字。」滂喜齋藏書記卷一云：「吳山尊刻本出影元鈔，行款與此同，當是其祖本也。舊爲拜經樓藏書，盧抱經學士借以校勘，其異同載羣書拾補。附藏印：『疑冬書屋』『馬叔靜圖書記』」。

案：葉德輝、潘景鄭皆以昔人所謂元刻本者，即明活字本。竊恐未是，昭文張氏所藏元本爲徐幔亭故物，萬曆戊戌所獲，題記歷歷，此蓋活字本之祖本也，明時不但元刻尚存，據緜眇閣本李茹更所記，似天水舊槧，明人猶得見之，今佚。

吳方山藏元刊本

晏子春秋八卷，凡內篇六卷，外篇二卷，卷首有「吳岫」印記，愛日精廬藏書志云：「吳氏手跋曰：『顧英玉先生，南都淸介丈夫也，以憲副罷官，而兄時爲大司冦，家無長物，出宦日所得書，貨以給日，躬疊册門左，顏無怍色，予重其所爲，隨所質得二書，嗚呼！誦往哲之懿言，法時賢之景行，小子何幸，於此兼得二書，晏子春秋其一，大唐六典其一。蘇郡後學吳岫筆。』」

懷仙樓藏明成化間刋本

經籍訪古志卷三云：「首有篇目及劉向序，卷首題晏子春秋內篇諫上第一，凡二十五章，次行列篇目，題莊公矜勇力不顧行義。」每半板九行，行十八字，界長五寸四分，强幅三寸八分，左右雙邊，竹蔭書屋藏，根本遜志手書本，卽傳鈔此本者。」

按：經籍訪古志又云：「成化刻本卽翻元刻本。」

仁和丁松生八千卷樓藏明活字本

善本書室藏書志卷九云：「漢志惟作晏子，隋志乃名春秋，兩志皆作八篇，晁氏讀書志云：『嬰相景公，此書著其行事及諫諍之言。』崇文總目謂後人采嬰行事爲之，非嬰所撰，此八卷本，前有目錄及劉向校上晏子奏，每篇又分小目，列於每卷之首，總二百十五章。平津舘有影寫本，云：『盧氏羣書拾補稱：「吳槎客示余元人刻本，每卷首有總目，又各標於本篇，當卽此本，每葉十八行，行十八字。」與此符合。」有「讀書小子實穎之印」「古鹽馬氏」「笏齋珍藏之印」諸章。葉德輝洎園讀書志卷五云：「晏子春秋八卷，明活字印本，每半葉九行，行十八字，前有目錄，載內外篇章次第，下接劉向校錄文，書分八篇，內篇諫上第一、諫下第二、問上第三、問下第四、雜上第

五、雜下第六、外篇重而異者第七、不合經術者第八，版心不載卷數，惟「晏內」「晏外」等字，孫星衍祠堂書目有仿元寫本，即以付吳山尊撫刻，而顧千里爲之跋者，其實即此活字本，因其排印整齊，字近元體，故誤以爲元刻耳。仁和丁松生八千卷樓藏有元刻本，爲馬笏齋舊藏，亦即此本，余丙申三月游浙時曾借觀之，不誣也。漢書藝文志諸子略「儒家」類晏子八篇，隋唐志加「春秋」二字，作七卷自後崇文總目，晁公武郡齋讀書志、陳振孫直齋書錄解題均作十二卷，則此作八篇蓋猶漢志之舊也。四庫全書提要入史部傳記類云：「此明李氏綿眇閣刻本」。內篇分諫上、諫下、問上、問下、雜上、雜下、外篇分上下二篇，與漢志八篇之數相合，故仍得此本著錄，庶幾猶略近古焉。綿眇閣本，余亦有之，乃萬曆中刻，在此本之後此。本嘉靖時亦緟雕，世亦罕見，孫星衍於乾隆戊申爲畢制軍沅刻是書，所據爲萬曆乙酉沈啓南本，附著音義二卷，并不采及他本，盧文弨羣書拾補所校晏子春秋，亦僅摭拾音義未引據者，補勘所遺，而未博考其餘明刻，亦可謂疏漏之甚矣。」又云：「光緒戊申三月，余回蘇州洞庭展墓，道出江寧，因訪陶齋尚書端方公于金陵節署，時方有收買仁和丁氏八千卷樓藏書儲之江南圖書館之議，居間媒介者爲江陰繆小山太夫子荃孫，所有宋元舊本，均取頭本呈送，此晏子春秋亦在其內，當時均以爲元本，余力證其爲明時活字本，且告以余有藏本，與此無異，陶齋曰，即是明活字本，亦見所未見，能割愛以遺我乎？余曰，公前年贈予以宋本南嶽總勝集，余正未有報也，是直可謂拋玉引磚矣，五月還湘，遂郵寄歸之，臨封爲識數語於後。」

按：今商務印書館有四部叢刊景印本，書中簡稱活字本即係取樣於江南圖書舘所藏者。

明鈔本

拜經樓藏書題跋記卷四云：「晏子春秋四卷卷三後書「萬曆十六年冬吳懷保梓」。卷一後書崇禎十三年庚辰閏四月初六日校錄雪履齋，仁和鄭紹孔伯翼甫識」。蓋卽從吳刻本傳錄者，末附柳宗元辨晏子春秋一篇，史記管晏列傳及孔叢子六條。按文獻通考引崇文總目：『晏子春秋十二卷，晏嬰撰，晏子八篇，今亡。此書後人采嬰行事爲之，以爲嬰撰者非也。』書錄解題：「晏子春秋十二卷，齊夫夫晏平仲撰，漢志八篇，但曰晏子，隋、唐七卷始號晏子春秋，今卷數不同，未知果本書否？蓋晏子八卷早佚，後人采嬰行事爲之，加以春秋之名，其作八卷者，猶仍漢志之舊，此併爲四卷，且篇目不載全文，視前舊刻本，漸失古意矣。」

按：明鈔本卽吳懷保本，四卷，九行十二字，書末自「公曰章」下缺。又雜上第十六章亦奪一行，與活字本同，並與吳勉學七卷之本，有同有異，特以吳勉學本，內篇六，外篇一，共七卷，二百三章，卽二十子全書本，爲吳中珩校，實明本中之上選也。其他爲四卷之本者，尚有藏脩舘本與黃之寀本，前者「口」下有「藏脩舘」三字，後者文內簡稱「黃本」，日本元文元年曾經翻刋，目前各本均不可見矣。

明李氏綿眇閣刻本

鐵琴銅劍樓藏書目錄卷十云：「晏子春秋八卷，此明李氏綿眇閣刻本，卽出自元刻，篇次行款悉合，卷首「有「孫印從添」「慶增氏」朱記。

按：緜眇閣本，八卷，十行二十字，先秦諸子合編十六種之一，萬曆三十年馮夢禎刊。前有余有丁李茹更二跋，李云：「今仍宋本刻之。」似此書出自宋槧。文字與活字本相勘，互有勝劣。如諫上十二「晏子公曰」，此本無「公」字，諫下第三「收其人丁」，此本作「收其金玉」，是活字本「人丁」爲「金玉」二字之殘，此其佳勝也。又如諫上第八「景公信用讒佞」誤與前章連而爲一，「故內寵之妾」又重「之」字，此其不如活字本者也。又外篇下十七章「哀盡而去」亦殘，如果出於宋槧，豈宋槧亦缺此十八章耶？此又不可解矣。

明萬曆五年南監刻子彙本

藝風藏書再讀記云：「晏子春秋二卷，萬曆五年刋。」

按：吳則虞云：「此本卽明萬曆五年南監刻，計收子書二十四種，先成十八種，故又稱十八子。」另有且且菴初箋十六子本，亦爲二卷，九行十二字，題曰「晏子刪評」，計內收五十七章，義無足取。今商務印書館景印宋元明善本叢書十種內方子彙本。

鐵琴銅劍樓藏影元鈔本

鐵琴銅劍樓藏書目錄卷十云：「是書烏程閔氏本，竄亂舊第，惟元刻本尚存舊式，內篇分諫上、諫下、問上、問下、雜上、雜下六篇，外篇兩卷，一爲重而異者、一爲不合經術者，共八篇，與漢志合。總目後係劉向序，以下每卷目後接本文，此本卽全椒吳氏刋本之底稾，卷末有陽湖孫氏題記云：『影元版本鈔晏子，據別本改正數字，用朱筆記之。」

按：此卽吳鼒本之祖本，顧廣圻校幷題識，顧氏題云：「甲戌九月校正付刋，又此書擬不示人以樸，然流傳於外，亦足見辨書之苦心，無不可也。乙亥閏月二十五日又記。」鈔寫字體甚劣，顧氏校筆字潦草。

明歸有光評本

按：此書不分卷，卽百二十子本；文內簡稱歸本，未見。

清經訓堂本

晏子春秋八卷，乾隆五十三年孫星衍刋，又道光二十五年揚州汪氏翻刻本，浙江局刻本，四部備要排印本。

按：孫氏著書頗多，所校刻者有平津舘叢書，岱南閣叢書，而其用力最勤者厥爲晏子春秋。自序云：「晏子八篇見於藝文志，後人以篇爲卷，又合雜上、下二篇爲一，則爲七卷，見七略及隋唐志，宋時析爲十四卷，見崇文總目，實是劉向校本，非僞書也。……是以服虔、鄭康成、郭璞注書多引之。……儒者莫先晏子。……劉向分內外篇，亂其次第，意尚嫌之，世俗傳本，則皆明人所刻，或以外篇爲細字附著內篇，或刪去詆毀仲尼及問棗諸章，譌謬甚矣；惟萬曆乙酉沈啓南校梓本尙爲完善，自初學記、文選注、藝文類聚、後漢書注、太平御覽補足，旣得諸本是正文字，恐或疑其臆見，又爲音義於後，明有依據，定成八篇，以從漢志；爲七卷，以從七略，雖不能復舊觀，以爲勝俗本遠矣。」又廉石居藏書記卷上：「孫星衍校本晏子春秋七卷，以元槧本校自刊本。……儒家書此爲第一，又是劉向手定，篇第完備，無譌缺，甚可寶也。」今中華書局刊行之四部備要卽係采用此本。

吳鼒才

吳則虞晏子春秋集釋云：「吳鼒本晏子春秋八卷，嘉慶丙子刊，崇文書局本，文內簡稱『吳本』。按：全椒吳氏刻本敍云：「嘉慶甲戌九月十日，鼒犬馬之辰，春秋六十矣，將避人遊焦山，妻兄孫淵如先生遺人以綵錦一端，影寫元刻晏子春秋八卷爲壽，且曰：『此書尙無善本，足下能刻之，可以嘉惠來者。』……明年余與元和顧君千里，同有文字之役在揚州，因請顧君督梓之，一切仍其舊文，又明年，書成，略敍緣起，此書抱經堂前輩舊有定證，及淵如音義分見兩家著錄，又顧君新得，具其所撰後敍，予不敢掠美，以滋贅文。……丙子斗指乙，全椒吳鼒敍。」

淸錢熙祚校刻指海本

錢熙祚指海本晏子春秋跋：「晏子春秋俗刻以第八篇合於第七，又脫去十二章，惟沈啓南本刻于萬曆乙酉者，尙爲完善，近孫氏星衍卽依沈本校刊，定爲一百二十五章，與劉向序適合，而後附音義二卷，所列正文，與本書或不相應，盧氏羣書拾補，王氏讀書雜志，皆就孫本重加校勘，補脫正誤，咸有依據，然不載全文，頗不便於觀覽。……第俗刻相沿，脫誤尤甚，惟此與沈本互證，姑存以備考焉。漢志晏子八篇，七略七篇，蓋合外篇上下爲一，治要所引止有諫上、下、問上下、雜上下六篇，而外篇六章亦與其別，可見以外篇附內篇，唐時已有此本，不始于明，崇文總目作十二卷，即此六篇之文，各析爲二，而孫氏謂「二」爲「四」之誤，亦考之未盡矣。四庫本八篇，篇各爲卷，今依孫氏爲八篇，以從漢志；爲七卷，以從七略云。壬寅首夏，錢熙祚錫之甫識。」

按：指海本晏子春秋七卷，道光二十三年錢熙祚校刻，在指海十七集，合外篇爲一卷，故爲七卷，前冠四庫全書晏子春秋提要。

日本古鈔本

按：此本晏子春秋一卷，出觀海堂書目。今藏外雙溪國立故宮博物院。

日本曲直瀨氏藏晏子俗本刪略

按：有明刻本，未見。

第三節　晏子春秋篇目考

劉向晏子春秋敍錄云：「所校中書，晏子十一篇，臣向謹與長社尉臣參校讎，太史書五篇，臣向書一篇，參書十三篇，凡中外書三十篇，爲八百三十八章，除復重二十二篇，六百三十八章，定著八篇，二百一十五章。外書無有三十六章，中書無有七十一章，中外皆有以相定，中書以夭爲芳，又爲備，先爲牛，章爲長，如此類甚多，謹頗略椾，皆已定以殺靑，書可繕寫。」然自七錄後，其卷帙多異，或分篇以名卷，或易卷以爲篇，著錄紛紜，莫衷一是，尤自宋崇文總目之後，說者皆以晏子八篇已佚，今之存者乃後人采嬰行事爲之。至今此書塵封數百年，嗚呼？龜玉毀於櫝中，識者惜之，清初孫督糧星衍，爲著音義二卷，並諟正次第，補綴闕疑，重梓平津舘晏子春秋七卷，於是先儒之墜緒，始得如日出重霾，又麗中天。其序曰：「晏子春秋八篇見藝文志，後人以篇爲卷，又合雜上下二篇爲一，則爲七卷，見七略及隋唐志，宋時析爲十四卷，見崇文總目，實是劉向校本，非僞書也。……玉海引崇文總目十四卷，（玉海「四」作「二」疑誤。），或以爲後人采嬰行事爲書，故卷帙頗多于前矣。……儒書莫先于晏子，今荀子有楊倞注，孟子有趙岐注，唯晏子古無注本，劉向內外篇亂其次第，意尚嫌之；世俗所傳本，皆明人所刊，或以外篇附著內篇各章，或刪去詆毀仲尼及問棗諸章，僞謬甚矣。」（見孫星衍平津舘刻本序）近人劉申叔先生晏子春秋篇目考云：「劉向晏子敍錄言定著八篇，二百一十五章，漢志儒家亦列晏子八篇，而史記管晏列傳，正義引七略則云『晏子春秋七篇』，蓋誤八爲七，或七略爲七錄之訛，隋唐志皆七卷，蓋合雜上下二篇爲一，史記管晏列傳索隱云：『今其書七十篇』『十』爲衍文。（張文虎札記，引錢泰吉說。）則七篇之本，唐所通行，然唐代亦有八卷本，意林卷一列晏子八卷是也。宋代所行，一爲十二卷本，即崇文總目、直齋書錄解題、玉海、通考所載是，蓋就七篇之本各析爲二，惟兩外篇未析，孫星衍謂『二』當作『四』非也；一爲七卷之本，即通志藝文略所載是。崇文總目謂八篇今亡，書錄解題謂卷數不同，未知果本書否？玉海亦以卷多爲疑，蓋八篇之本，宋代已亡，元本八卷，四庫本八卷，拜經樓藏書題跋記謂後人併合，以符漢志之數，其說近是，明刻均七卷，蓋亦後人併合，以符隋唐志之數也。惟元本及沈啓南本均二百十五章，與敍錄合，則篇目併合各代雖殊，其殘佚之文則鮮；顧猶有疑者，史記管晏列傳越石父及御者事均不載本書，今二事列於雜篇上，故管同援以疑本書，今考以上二節，雖爲選注諸書所引，然實非本書之舊；王念孫雜志據治要於問上篇景公問欲善齊政章析之爲二，其說是也。又考雜篇下景公以晏子食不足致千金章『景公謂晏子曰』下，黃之寀本別爲一章，蓋亦取沿故本，故校斯書者當刪越石父御者二章，析問善齊政章，致千金章爲二，庶較元本爲長。若謂元本卽向本，則敍錄有章數無章名，且無每篇若干章之文，崇文總目又言八篇今亡，則元本各章目亦係校者所分，不以刪易爲嫌也。（見左盦集）新會梁啓超云：「漢志此書卽司馬遷劉安所見本也。……今傳之本，是否爲遷安所嘗讀者，蓋未可知；然似是劉向校正之本，非東漢後人竄亂附益也。」（見漢書藝文志諸子略考釋）蔣伯潛先生承其家學著諸子通考一書，其中對晏子春秋篇目之考訂特詳，其言曰：「劉向敍錄云：『臣向所校中書晏子十一篇，太史書五篇，臣向書一篇，參書十三篇，凡中外書三十篇，八百三十八章，除複重二十二篇，六百二十三章，定著八篇，二百十五章，其書六篇皆合六經之義，又有複重，文詞頗異，不敢遺失，復列以爲一篇，又有頗不合經術，似非晏子言，疑後世辯士所爲者，亦不敢失，復以爲一篇，凡八篇。』是漢志所錄卽劉向校定本也，今存本亦八篇，隋志唐志均作七卷，崇文總目均作十四卷者，孫星衍晏子春秋序謂：『後人以篇爲卷，又合雜上下二篇爲一卷，則爲七卷。』是也，七卷各分上下，故又爲十四卷耳，史記本傳贊正義曰：『七略云：『晏子春秋七篇，在儒家。』』按漢志以七略爲藍本，苟有出入，必加自注以說之，如晏子卷篇之數與七略不同，自注中何以並不提及，疑正義所引乃七錄，字誤作『七略』者。則孫氏所云『合雜上下二篇一卷』，殆始於阮孝緒乎？宋濂諸子辨言晏子十二卷，此『十二』當爲『十四』之誤。

今本晏子春秋篇目如左：

內篇六篇（即劉向所云合於六經之義者）

㈠諫上二十五章 ㈡諫下二十五章 ㈢問上三十章

㈣問下三十章 ㈤雜上三十章 ㈥雜下三十章

外篇二篇

㈦（即劉向所云「文辭頗異」者二十七章）

㈧（即劉向所云「似非晏子之言」者十八章。

共計八篇二百一十五章，劉向言其內篇合於六經之義，故七略列之儒家，而漢志因之也，玉海謂『或以後人采嬰行事爲書，故卷帙頗多於前志』。蓋崇文總目有十四卷，遠較漢志之八篇，隋唐志之七卷爲多也，篇卷多寡之數由於分合。玉海之說誤，」蔣氏言之近情，而衡諸劉向敍錄有章無目，而今本章目明確七略漢志均言八篇，而七錄隋志名曰七卷，崇文總目後稱晏子八卷今亡，則今之存者，故信非全由後人采掇，要後人竄亂亦在所難免也；是以其篇目之分合，言人人殊，今特考其詳備可信者，錄之如上，俾好斯道者愼擇焉。

第四節 晏子春秋佚文考

書籍遞代散亡，好學之士，每讀前志，按索不獲，深致慨惜；於是而有輯佚之事。宋，王應麟輯三家詩考，明，孫瑴輯古微書，顧其範圍既隘，體例亦略；降至清季，輯佚之風遂盛。有專輯一人之逸書，有專輯一門之學術遺著者，或有專輯一書之逸注者，莫不窮搜博考，旁徵遠紹，傳先儒之精蘊，啓後學之屯蒙，任公有言：「膚蕪之作，存亡固無足輕重，名著失墮，則國民之遺產損焉。」（見清代學術概論）晏子春秋亦先秦之名著也，歷經浩劫，簡斷編殘者多有之。今特踵繼前修，輯其帙文，於治晏子學者，或亦不無小補也。

天下以下至士皆祭以首時。（禮記王制孔疏引晏子春秋）

允矣君子，眞言是務。（宋王應麟詩考引晏子春秋）

案：劉氏師培曰：「丁晏補注本『允』作『樂』，今本書挩此詩，未知王氏所據何本。」

寡婦樹蘭，生而不芳；繼子得食，肥而不澤。（太平御覽八百四十九所引）

案：劉氏師培曰：「今本書挩此四句。又見淮南子繆稱訓惟『寡婦』作『男子』『生』字作『美』。」吳則虞云：「樹蘭句又見文心離龍情采篇。」史記李廣傳贊引諺曰：「桃李不言，下自成蹊。」劉勰文心雕龍情采篇引作「夫桃李不言而成蹊，有實存也；男子樹蘭而不芳，無其情也。」各引不同，並存參考。

余家素貧，晝則苦於作勞，夜則甘於疲寢，三時之際，書皆生塵。（太平御覽三十七引晏子春秋）

案：劉氏師培曰：「此條不類晏子言。」

治天下若委裘，用賢委裘之實，桓公聽管仲而趙襄聽王登，此之謂委裘然。（文選任昉為蕭揚州薦士表李注引晏子）

案：劉氏培曰：今書無此文『晏』字疑誤。」竊以文選李注引晏子或晏子春秋文約二十六條，此其一。凡本節所輯皆爲原書所無，故錄而存之，如原書有備，雖見稱引，亦不專輯。又同表「勢門上品，猶當格以清談」句下，李注引說苑晏子曰：「陂池之魚，入於勢門。」六臣注文選引李注亦同。

爲代于足脩爲市死者又脩爲也。（北堂書鈔四十五引晏子曰。）

案：劉氏師培曰：「今本無此文，書鈔所引亦挩訛不可曉。」

君之所以尊者令，令不行，是無君也，故明君愼令。（太平御覽六百三十八引晏子，北堂書鈔四十五藝文類聚五十四均引作申子。）

夫爵益高者意益下，官益大者心益小，祿益厚者施益博。（藝文類聚二十三引晏子曰，太平御覽四百五十九直為晏子。）

案：劉氏師培曰：「此乃楚相孫叔敖語，見韓詩外傳七，荀子堯問篇，淮南道應訓。」竊以韓詩外傳七引孫叔敖遇狐丘丈人曰：「吾爵益高吾志益下，吾官益大吾心益小，吾祿益厚吾施益博。」荀子卷二十堯問篇引楚相孫叔敖答繒丘之封人曰：「吾三相楚而心瘉卑，每益祿而施瘉博，位滋尊而禮瘉恭。」淮南子道應訓所引孫叔敖語較簡，觀三書所載較類聚均辭異意同，今本晏子無此文，如竟稱孫叔敖語亦似無不可。且正見諸子傳聞異辭之跡也。

人之將疾，必先不甘粱肉之味，國之將亡，必先惡忠臣之語。（藝文類聚二十三，四百五十九引晏子曰。）

案：劉氏師培曰：「今此語見文子微明篇。」吳則虞云：「記纂淵海六十六引同，惟『忠臣』作『忠直』。」

其文好者身必剝，其角美者身必煞，甘泉必竭，直木必伐。（藝文類聚二十三引晏子曰。）

案：劉氏師培曰：「御覽四百五十九改標文子，今此語見文子符言篇，或類聚誤引。」

寧戚欲干齊桓公，困窮飯牛於北門之外，桓公詔夜門避任車，戚乃擊轅而歌，桓公聞而異之命後車載之。（北堂書鈔一百四十一引晏子春秋。）

案：劉氏師培曰：今本無此文，惟呂氏春秋舉難篇亦述此事，或晏子即呂氏之訛。」

齊侯自頰谷歸，謂晏子曰：「寡人獲罪魯君，如之何？」晏子曰：「君子謝過以質，小人謝過以文，齊嘗侵魯四邑，請皆歸之。」（公羊傳定公十年何休解詁文。）

按：劉氏師培曰：「疏云：『皆晏子春秋及家語、孔子世家文。』是本書亦記歸魯邑事，其與解詁同異若何，今不可考，姑錄解詁文於此。」

頰谷之會，齊侯作侏儒之樂，欲以執定公。孔子曰：「匹夫而熒惑於諸侯者誅。」於是誅侏儒，首足異處，齊侯大懼，曲節從教。（公羊傳定公十年何休解詁文）

按：疏云：「頰谷之會，至曲節從教，家語及晏子春秋文也。」今本晏子挩此文。

齊侯送晏子於雪宮。（元和郡縣志河南道六，臨淄縣引晏子春秋文。）

按：劉氏師培曰：「今書無此文，竊疑圖志所引即孟子梁惠王下齊宣王見孟子事，因彼章亦述晏子語，遂誤識其文屬之本書，當訂正。」

人不衣短褐，不食糟糠，飲食不美，面目顏色，不足視也，是以食必粱肉。（北堂書鈔一百四十三引晏子）

按：劉氏師培曰：「今本書無此文，此見墨子非樂上篇。陳禹謨本改『晏』爲『墨』。孔校亦云『晏子蓋沿上文誤入。』是也。

管夷吾曰：「吾既告子養生矣，送死奈何？」晏平仲曰：「送死略矣，將何以告焉。」管夷吾曰：「吾固欲聞之。」平仲曰：「既死，豈在我哉？焚之亦可，沈之亦可，露之亦可，瘞之亦可，衣薪而棄諸溝壑亦可，袞衣繡裳而納諸石槨亦可，唯所遇焉。」（列子楊朱篇，意林二引列子逕稱晏子曰。）

按：吳則虞云「譏晏子者每以薄葬短喪爲詬病，今晏子春秋無其文。列子引晏子者二，一即此，其二力命篇引牛山之對。」

四海之雲湊，千里之雨至。（記纂淵海卷二引）

師曠識爨薪，易牙別淄澠。（記纂淵海卷六十一引）

願有良鄰。則見君子也。（文選卷二十五陸士龍答張士然一首李注引晏子春秋文。）

按今本晏子挩此文。

第四章　晏子所屬學派論

晏子春秋，七略、漢志均著錄於諸子略、儒家，隋、唐七卷，循劉、班之往例，亦擧無異說。但自唐柳宗元辨晏子春秋，以爲「有墨者齊人爲之」以後，宋馬端臨文獻通考，晁公武郡齋讀書志，均從其論，改儒歸墨，劃屬墨學之附庸，清紀昀四庫提要又以其書係由後人摭其軼事，雖無傳記之名，實傳記之祖也；遂叛離子部，改入史傳，柳氏之說，孫星衍於晏子春秋平津館刻本序中，早有榷評，並斥其無學。至於紀氏之言，三百年來，尚少駁之者。夫千載以還，晏子之書，部居茫茫，歸權未定，豈非憾事？

夫晏子究應屬儒家乎？墨家乎？子乎？史乎？不可不辨也。本章首分「儒家說」、「墨家說」、「改子入史說」、以及「其他」四節，以見前賢有關晏子評述之大概。末爲結論，就子書之成因明晏子當屬諸子，再由晏子春秋命名之精義，知其與史傳不同，以駁四庫顧名思義之妄。繼而分析本書內容，昌言其乃入道見志之作，用爲立論之依據。至於求之晏子本文，以徵晏子當屬儒家，欲匡柳氏之謬，藉補孫氏之闕，且順斥陳蘭甫說晏子爲滑稽之濫觴之非是。然而儒家之學，精深博大，兼綜九流，而晏子「博聞強記，通于古今。」（劉向晏子春秋敘錄語）尤爲難知，以余淺識膚受，安能窺其閫奧？但愚人千慮，或有一得，幸讀者存而善擇焉。

第一節 儒家說

孔叢子詰墨：曹明問子魚曰：「觀子詰墨者之辭，事義相反，墨者妄矣，假使墨者復起，對之乎？」答曰：「苟得其理，雖百墨吾益明白焉；失其正，雖一人猶不能當前也。墨子之所引者矯晏子，晏子之善吾先君，先君之善晏子，其事庸盡乎！」曹明曰：「可得聞諸？」子魚曰：「昔齊景公問晏子曰：『吾欲善治，可以霸諸侯矣。』對曰：『官未具也，臣亟以聞而君未肯然也。臣聞孔子聖人，然猶處勌隋，廉隅不修，則原憲、季羔侍；氣鬱而疾，志意不通，則仲由、卜商侍；德不盛，行不勤，則顏、閔、冉、雍、侍。今君之朝臣萬人，立車千乘，不善之政加于下民者衆矣，未能以聞者，臣故曰；官未備也。』此又晏子之善孔子者也。子曰：『晏平仲善與人交，久而敬之。』此又孔子之貴晏子者也。」曹明曰：「吾始謂墨子可疑，今則決妄不疑矣。」

劉歆七略（見史記管晏列傳張守節正義引）：晏子春秋七篇，在儒家。

班固漢書藝文志諸子略：儒家：晏子春秋八篇。班固自注名嬰，謚平仲，相齊景公，善與人交，有列傳。

劉子九流篇：儒者晏嬰子思孟軻荀卿之類也，順陰陽之性，明敎化之本，遊心於六藝，留情於五常，厚葬文服，重樂存命，祖述堯、舜，憲章章武，宗師仲尼，以尊敬其道，然而薄者流廣文繁，難可窮究也。

隋書經籍志子部：儒家：晏子春秋七卷，齊大夫晏嬰撰。

孫星衍平津舘晏子春秋刻本序：晏子書成在戰國之世。凡稱子書，多非自著，無足怪者，儒書莫先于晏子，善乎劉向之言，「其書六篇，皆忠諫其君，文章可觀，義理可法，皆合六經之義」，是以前代入之儒家，柳宗元文人無學，謂墨氏之徒爲之，郡齋讀書志、文獻通考承其誤，可謂無識。晏子尙儉，禮所謂「國奢則示之以儉」。其居晏桓子之喪盡禮，亦與墨子短喪之法異，孔叢子云、「察傳記，晏子之所行，未有以異於儒焉。儒之道甚大，孔子言儒行有過失可微辨，而不可面數，故公伯寮愬子路而同列聖門，晏子尼谿之阻，何害爲儒？」且古人書外篇半由依託，又劉向所謂疑後世辨士而爲者，惡得以此病晏子。

王鳴盛峨術編卷十四晏子春秋：柳子厚謂晏子春秋非嬰著，墨氏之徒剿合而成，今觀漢志「儒家」首列晏子春秋，柳說恐未是，迮鶴壽案：儒家五十有三，而晏子春秋居首，此據向所定也。向言所校中外書晏子三十八篇百三十八章，除復重二十二篇，六百三十八章定著八篇。晏子博聞强記，通于古今，事齊靈公、莊公、景公，以節儉力行盡忠極諫道齊，國君得以正行，百姓得以附親，不用則退耕于野，用則必不詘義，不可脅以邪，白刃雖交胸，終不受崔杼之劫，諫齊君縣而至，順而刻，及使諸侯，莫能詘其辭，其博通如此，蓋次管仲。內能親親，外能厚賢，居相國之位，受萬鍾之祿，故親戚待其祿而衣食五百餘家，處士待而擧火者亦甚衆，齊人以此重之。其書六篇，皆忠諫其君，文章可觀，義理可法，皆合六經之義，又有復重，文辭頗異，不敢遺失，復列爲一篇。又有頗不合經術，似非晏子言，疑後世辨士所爲者，復以爲一篇。」今案：觀本書所載及劉向之言，固宜列于儒家，柳宗元文人無學，謂墨者之徒爲之，晁公武馬貴與竝承其誤，可謂無識。晏子尚儉，禮所謂國奢則示之以儉也。其居晏桓子之喪，盡禮與墨氏異。孔叢子云：「察傳記晏子之所行，未有異于儒者。」儒道甚大，孔子言「儒行有過失可微辨，而不可面數。」故公伯寮愬子路而同列聖門，晏子尼谿之阻，何害爲儒？且古人書，外篇半由依託，劉向所謂疑後世辨士所爲者，惡得以此病晏子者。（更生案：鶴壽今案之語，幾全採孫星衍刻木序語）

章太炎國學略說諸子略說：周公孔子之間有儒家乎？曰，晏子是也。柳子厚稱晏子爲墨家，余謂晏子一狐裘三十年，尚儉與墨子同，此外皆不同墨道，春秋之末，尚儉之心，人人共有，孔子云：「禮與其奢也寧儉。」老子有三寶，二曰儉。蓋春秋時繁文縟節，流於奢華。故老、墨、儒三家皆以儉爲美，不得謂尚儉即爲墨家也。且晏子祀其先人，豚肩不掩豆。墨家明鬼，而晏子輕視祭祀如此。使墨子見之，必顰蹙而去。墨子節葬，改三年服爲三月服，而晏子喪親盡禮，亦與墨子相反，可見晏子非墨家也。又儒家慎獨之言，晏子先發之，所謂「獨立不慚於影，獨寢不慚於魂。」是也。當時晏子與管子並稱，晏子功不如管，而人顧並稱之，非以其重儒學而何？故孔子以前，周公之後，惟晏子爲儒家。

劉師培左菴集卷七：晏子立言之旨，淮南要略所述至詳，其第八篇，劉向謂似非晏子言，其識至精。至唐代柳宗元始謂墨氏之徒所爲，宋代晁氏，馬氏輯書目，均循其說。近孫星衍以無識譏之。其說允矣，然意有未盡。夫墨子之學，出於清廟之守，以敬天明鬼爲宗，其徒纏子胡非子隨巢子書雖不存，然考其佚文，亦均敬天明鬼，惟晏子書則不然，如內篇諫上諫誅史祝，諫信楚巫，諫祠靈山河伯，諫禳慧星熒惑；內篇問上諫以祝干福；內篇雜下言徒祭不可益壽；均異墨氏所言。又內篇諫上言樂亡而禮從之，禮亡而政從之，亦與非樂旨殊，不惟居喪盡禮誌內於雜篇上，異於墨子之短喪也。使其書出於墨氏之徒，則旨與墨殊，必不竝存其說，故特辨之。

呂思勉經子解題晏子春秋：其書與經子文辭互異，足資參訂處極多；歷來傳注，亦多稱引，決非僞書，前代箸錄，皆入儒家。柳宗元始謂墨氏之徒爲之。晁公武讀書志文獻通考經籍考皆入墨家。今觀全書，稱引孔子之言甚多，引墨子之言者僅兩條；詆毀孔子者，惟外篇不合經術者一至四章耳，陳義亦多同儒家，而與墨異，以入墨家者非也。

高維昌周秦諸子概論晏子……至若薄葬爲梁丘據言，非爲晉平公解，安得以此而疑其出於墨氏者耶？

第二節　墨家說

楊子法言第八：莊、楊蕩而不法、墨、晏儉而廢禮。

列子楊朱篇張湛注：晏嬰，墨者也，自以儉省治身，動遵法度。

柳宗元河東集卷四辯晏子春秋：司馬遷讀晏子春秋，高之，而莫知其所以爲書。或曰：晏子爲之而人接焉。或曰：晏子之後爲之，皆非也。吾疑其墨子之徒有齊人者爲之。墨好儉，晏子以儉名於世，故墨子之徒尊著其事以增高爲己術者，且其旨多尚同、兼愛、非樂、節用、非厚葬久喪者，是皆出墨子。又非孔子，好言鬼事，非儒，明鬼，又出墨子。其言問棗及古冶子尤怪誕，又往往言墨子聞其道而稱之，此甚顯白者。自劉向、歆、班彪，固父子，皆錄之「儒家」中，甚矣！數子之不詳也。蓋非齊人不能具其事，非墨子之徒則其言不若是。後之錄諸子書者，宜列之「墨家」，非晏子爲墨也，爲是書者墨之道也。

馬端臨經籍考子部墨家：列晏子春秋十二卷。

晁公武郡齋讀書志：晏子春秋十二卷，右齊晏嬰也。嬰相景公，此書著其行事及諫諍之言，昔司馬遷讀而高之，而莫知其所以爲書。或曰：晏子之後爲之。唐柳宗元謂：「遷之言乃然，爲墨子之徒有齊人者爲之，墨好儉名世，故墨子之徒尊著其事以增高爲己術者，且其旨多尚同、兼愛、非樂、節用、非厚喪久葬，非儒，明鬼，皆出墨子，又往往言墨子聞其道而稱之，此甚顯白。自向、歆、彪、固皆錄之儒家，非是，後宜列之墨家。」今從宗元之說云。

薛季宣浪語集卷二十七晏子春秋辨：聖人之道不掠美以爲能，善者從之，非者去之，要在乎據中庸之道以折中于物，而不以己見爲必得，此中所以大而無方也。柳子厚辨晏子春秋以爲墨者齊人尊著晏子之事以增高爲己術者，其言信典且當矣，雖聖人有不易，徒見而喜其辨，謂其所自見誠有大過人者，晚得孔叢子讀之，至于詰墨，怪其于墨子無見，皆晏子春秋語也，廼知子厚之辨有自而起。嗚呼！若子厚者，可謂掠美瞽世也與！夫孔叢子出于其前，子厚不應無見；如在其後出，則大業書錄具存，抉剔異書，扳從已出，謂宅人弗見，取像攫金之子，不可謂知。子厚妙文辭者，尙亦爲此，剿窃之患，厥有由來矣。孔子曰「知之爲知之，不知爲不知，是知也，」然則君子誠其所知，闕其所不知，而後爲眞知，奚必妄！

項安世項世家說卷九晏子：予讀晏子春秋，見其與叔向論士君子之出處，大抵多擯處士，以爲當誅，而自不恥于以一身而事百君。夫以晏子之行既過乎儉，而其于出處之際所主又如此，則其爲墨子之學明甚。談者相承謂之墨、晏，豈苟然哉！自公孫弘至馮道，皆有篤行嘉言，而不恥于事亂君，行亂政，蓋世之士大夫傳襲此派，千載不絕。人謂楊墨之道，至孟子而止者，特未之攷爾。

王應麟漢書藝文志考證卷五晏子：晏子八篇，隋唐志晏子春秋七卷，著其行事及諫諍之言（太史公曰：「吾讀晏子春秋」。禮記投壺注引晏子春秋）。崇文總目十二卷或以爲後人采嬰行事爲書，故卷頗多於前志。柳宗元謂：「墨子之徒有齊人者爲之。墨好儉，晏子以儉名于世，故墨子之徒尊著其事以增高爲己術者。且其旨多尙同、兼愛、非樂、節用、非厚葬久喪，非儒，明鬼皆出墨子，其言問棗及古冶子尤怪誕，又往往言墨子聞其道而稱之，此甚顯白者，（晏子春秋云：『墨子聞之曰：「晏子知道，道在爲人，失在爲己。」』）後之錄諸子書，宜列之『墨家』，非晏子爲墨也，爲是書者，墨之道也。」（晁氏從此說）薛氏曰：「讀孔叢子詰墨，怪其於墨子無見，皆晏子春秋語也，迺知宗元之辨有自而起。」

焦竑國史經籍志卷四下晏子春秋：晏子春秋十二卷，墨氏見天下無非爲我者，故不自愛而兼愛也，此與聖人之道濟何異，故賈誼，韓愈往往以孔墨並名；然見儉之利而因以非禮，推兼愛之意而不殊親疏，此其敝也。莊生曰：「墨子雖獨任爲天下，何其太觳而難遵，」有以也夫。墨子死，有相里氏之墨，相夫氏之墨，鄧陵氏之墨，世皆不傳。晏子春秋舊列「儒家」，其尚同、兼愛、非樂、非厚葬久喪，非儒、明鬼、無一不出墨氏，柳宗元以爲墨子之徒尊著其事以增高爲己術者，得之。今附著於篇。又國史經籍志卷六：晏子入「儒家」非，改「墨家」。

章學誠校讎通義論晏子改入墨家：焦竑以漢志晏子入儒家爲非，因改入於墨家。此用柳宗元之說，以爲墨子之徒有齊人者爲之，歸其書於墨家，非以晏子爲墨者也，其說良是。部次羣書，所以貴有知言之學，否則徇於其名而不考其實矣。檀弓名篇，非檀弓自著，孟子篇名有梁惠王，亦豈以梁惠王爲儒者哉！

洪亮吉卷施閣文集卷十新刻晏子春秋書後：晏子春秋一書，前代入之「儒家」，然觀史記孔子世家所載晏子對景公之言曰：「夫儒者滑稽而不可軌法，倨傲自順不可以爲下，崇喪遂哀，破產厚葬，不可以爲俗，游說乞貸，不可以爲國。」云云，是明與儒者爲難矣，故其生平行事，亦皆與儒者背馳。唐柳宗元以爲墨氏之徒，未爲無據。近吾友孫君星衍校刋晏子，深以宗元之說爲非，謂晏子忠君愛國，自當入之「儒家」，然試思墨氏重研救宋，獨非忠君愛國者乎？若必據此以爲儒墨之分，則又一偏之見也。惟宗元以晏氏爲墨氏之徒，微誤。考墨在晏子之後，當云其學近墨氏，或云開墨氏之先則可耳。漢書藝文志，墨子在孔子後。

凌揚藻蠡勺編卷二十晏子春秋：晏子春秋十二卷，齊大夫平仲晏嬰撰，陳直齋謂漢志八篇但曰晏子，隋唐七卷始號晏子春秋，今卷數不同，未知果本書否。余觀孟子書「盆成括仕於齊，孟子曰，死矣盆成括！」及其見殺，門人問夫子，何以知其將見殺？是與孟子同時之人之事，而非追論之詞可知矣，故孫宣公奭孟子音義以爲嘗學於孟子。今卷內載景公宿於路寢之宮，夜分聞西方有男子哭者，公悲之，明日朝，問於晏子，晏子對曰：「西郭徒居布衣之士盆成括也，父之孝子也，兄之順弟也，又嘗爲孔子門人。今其母不幸而死，祔柩未葬，家貧身老子孺，恐力不能合祔，是以悲也。」是與孟子既不同時，而所謂小有才，未聞君子之大道，則足於殺其軀而已者，其詣行又相懸絕，豈所謂在孟子耶？何風馬牛之不及若此也？沈梅村疑姓名偶同，景公時別有一盆成括，然崇文總目謂晏子之書久亡，世所傳者盖後人采嬰行事而成，故柳宗元以爲墨子之徒有齊人者爲之，非嬰所自著也。洪穉存曰：「晏子春秋前代入之儒家，然觀史記孔子世家所載晏子對景公之言曰：『夫儒者滑稽而不可軌法，倨傲自順不可以爲下，崇喪遂哀，破產厚葬，不可以爲俗，遊說乞貸，不可以爲國」云云，是明與儒者爲難矣，故其生平行事，亦皆與儒者背馳。唐柳宗元以爲墨氏之徒，未爲無據，……然考墨在晏子之後（見漢書藝文志），當云其學近墨氏，或云開墨氏之先則可耳。」

尹桐陽諸子論略晏子之宜入墨家：漢志七略列晏子於儒家，桐陽以爲晏子尙儉，與墨子同，其學實出于清廟之守，爲宋大夫之先河，而與儒異趣者也。於儒宗之宣聖故阻其爾稽之封，事具詳於外篇第八。墨子非儒曾引其言，而內篇襍上又有墨子稱晏子知道之語，則晏子之爲墨家而非儒家也又何疑？桐陽爲之校釋若干條，以補孫氏星衍之不逮，値書其與墨同轍之處而著於篇，蓋欲見晏、墨之當爲一貫，而墨學亦藉以不孤云，柳宗元謂墨氏之徒爲之，竟以晏子春秋爲儒書，則尤非撢本之論。太史公曰：「吾讀管氏牧民、山高、乘馬、輕重、九府、及晏子春秋，詳哉其言之也。其書世多有之。」則管、晏書固炎漢所通行，而爲龍門所樂道者矣，僞書云乎哉？孫氏迺頡滑解垢，力主晏爲儒家，且斥柳爲文人無學，覶矣。

張純一晏子春秋校注敍：周季百家之書，有自箸者，有非自箸者，晏子自作也。蓋晏子歿後，傳其學者采綴晏子之言行而爲之也，計孔子之稱九，其最恉曰：「雖事隋君，能使垂衣裳朝諸侯。」曰：「不出尊俎之間，折衝千里之外。」曰：「救民之生而不夸，行補三君而不有，晏子果君子也。」吾今乃知晏子時，知晏子者孔子一人而已。墨子之稱二，其最恉曰：「爲人者重，自爲者輕。」吾今乃知晏子後，知晏子者，墨子一人而已。綜核晏子之行，合儒者十三四，合墨者十六七，如曰先民而後身，薄身而厚民，是其儉也，勤也，兼愛也，固晏子之主恉也。夫儒非不尚儉，未若墨以儉爲極，儒非不尚勤。未若墨勤生之亟，儒非不兼愛，未若墨兼愛之力。此儒墨之辯也。然儒家囊括萬里，允執厥中，與墨異趣也，晏子儒而墨，如止莊公伐晋，止景公伐魯伐宋，是謂非攻。曰：「男不羣樂以妨事，女不羣樂以妨功。」是謂非樂。曰：「不循於哀，恐其崇死以害生。」是謂節葬，曰：「粒食之民，一意同欲。」是謂尚同。曰：「稱事之大小，權利之輕重。」是謂大取。

取。曰：「舉賢以臨國，官能以敕民。」是謂尚賢。曰：「獨立不慚於影，獨寢不慚於魂，行之難者在內。」是謂修身。皆其墨行之彰彰者，又必墾闢用疇，而足蠶桑豢牧，使老弱有養，鰥寡有室，其為人也多矣。其取財也，權有無，均貧富，不以養嗜欲，所謂事必因於民者矣，政尚相利，教尚相愛，罔非兼以正別，況乎博聞強記，博聞強記，捷給善辯，前有尹佚，後有墨翟，其揆一也。劉略班志，列之儒家，柳子厚以為不詳，謂宜列之墨家，郡齋讀書志，文獻通考承之，是已。

毛基鵬諸子十家平議述要第一篇儒家……唐柳宗元辨晏子春秋曰：「吾疑其墨者之徒，有齊人者為之。……後之錄諸子者，宜列之墨家，非晏子為墨也，為是書者，墨之道也。」柳氏此說，信而有徵。孔子曾稱：「晏平仲善與人交，久而敬之。」「有道順命，無道衡命。」太史公史記亦稱：「晏子伏莊公之尸哭之，成禮然後去，豈所謂見義不為無勇者邪？至於諫說犯君之顏，此所謂進思盡忠，退思補過者哉！假令晏子在，余雖為之執鞭，所忻慕焉。」晏子得孔子與太史公稱贊如此，則其為人可知。而其節儉力行，尤為墨家崇尚，墨者之徒假託而為晏子春秋，實屬可能。且所謂繁登降之禮，趨詳之節，累世不能殫其學，當年不能究其禮者，是漢志所謂僻儒之患，非孔子及儒家本身之缺點，晏子當亦不至以此非孔子也。（更生案：本文作者，今人，書由臺灣藝文印書館出版。）

第三節　改子入史說

四庫全書總目提要史部傳記：案晏子一書，由後人摭其軼事爲之，雖無傳記之名，實傳記之祖也。舊列子部，今移入於此。

四庫全書簡明目錄，晏子春秋八卷撰人名氏無考，舊題晏嬰撰者，誤也。書中皆述嬰遺事，實魏徵諫錄，李絳論事集之流，與著書立說者迥別，列之儒家，於宗旨固非，列之墨家，於體裁亦未允，改隸傳記，庶得其眞。

梁啓超諸子釋云：「柳宗元謂墨子之徒有齊人者爲之蓋近是，然其人亦並非能知墨學者，且其依託年代似甚晚，或不在戰國而在漢初也，今傳之本，是否爲遷安所嘗讀者，蓋未可知。然似是劉向所校上之本，非東漢後人竄亂附益也。其書撏撦成篇，雖先秦遺文間藉以保存，然無宗旨無系統，漢志以列儒家固不類，晁馬因子厚之言改隸墨家，尤爲無取，四部入史部傳記，尚較適耳。

商務印書館四部叢刊：列晏子春秋入史部。

中華書局四部備要：列晏子春秋入史部。

第四節　其他

陳蘭甫東塾讀書記卷十二諸子：史記以淳于髡附入孟荀列傳云，其諫說慕晏嬰之爲人，又以髡入滑稽傳。澧案戰國時，人多辯論詼諧，成爲風氣，此太史公所以立爲一傳也。此風蓋起於晏子。故太史公謂淳于髡慕晏嬰也。晏子春秋云：「景公使圉人養所愛馬，暴死，公怒，令人操刀解養馬者。晏子侍前，問于公曰，堯舜支解人從何軀始，公矍然，遂不支解。如此之類，乃滑稽之濫觴也。

蛤笑晏子春秋學案（東方雜誌五卷四，五期）：神州學術，莫盛於春秋戰國之交。周室既衰，史失其官，學術宗教，始兩相分離，諸子嗣興，皆思本厥學派爲政治之革命，孔、老、墨、管最爲大宗，然獨管子相齊，得位乘時，發揮學術，自餘皆終老布衣，僅能以著書自見而已。晏子生於墨子同時（更生案：述墨子年代者，言人人殊，今最可據之古籍曰史記，然已爲存疑之詞，謂「或曰並孔子時，或曰在其後。」而漢書藝文志，則斷曰在孔子後，近儒畢沅考據從班説，且斷爲在七十子後，其言頗信而有徵，考證雖多，總以晏墨不同時爲是），學術亦大抵相類，雖相齊四十年（更生案：依本文所撰晏平仲先生年表載，齊景公三年慶氏亡，晏子不受邶殿，攝相事始，迄景公四十八年卒，相齊共四十有六年。），然值莊公之暴，景公之孱，崔氏之逆，陳氏之專，卒未得大行其道。生平又未嘗親著書，春秋一書，大抵門人故舊於平仲身後，集其言行，錄爲此書，略如後世鄭公諫錄，梁公故事之類，而晏子之大義微言，其湮沒也久矣。然賴是編之存，而後世學者猶得藉以窺見什一，抑不可謂非幸也。且晏子書中，多與西儒立憲之義相符合者，自柳子厚斥晏子爲墨學，而後儒辯論蠭起，或祖晏而非柳，或是柳而非晏，而尼谿之沮；尤爲聚訟所集，然皆以後世之見，臆測先賢，於晏子之學問功業，初無所損益也。當時諸子並起，未定一尊，尊聞行知，各是其是。孔子雖千載以後配天立極當其身亦諸子之一耳；以學派之不合，因而爲政黨之競爭，正大賢不肯苟同之證驗也，何足爲晏子病乎？柳子知晏爲墨學，其識卓矣，而於是書頗深致不滿，則仍狃於孟氏異端無父之辨，而不知觀其會通，以祛其先入之見耳。自西儒學說輸入震旦，而諸子之學駸駸有復興之朕、老、墨、莊、管、諸書，皆有當世宏通大儒爲之證通疏明，發其義蘊。獨晏子之書猶晦於羣籍中，無人肆及之者，不揆謭陋，讀書之暇，輒刺取其奧義名言，疏以己意，爲晏子學案若干則，質諸世之謂明古學者，恕其愚僭之愆，而匡其不逮焉，則幸甚！（更生案：本文共有八則，首言晏子坐地訟君（晏子春秋雜上）斥其不道，而爭曲直，有後世骨鯁之臣所不敢出者，深合西儒法律之前，人人平等之說。其次晏子不死莊公之難（見晏子春秋雜上）與儒家春秋之義相同。第三則景公燕賞無功而罪有司晏子諫（晏子春秋諫上）與孔子守道不如守官之訓，及孟子夫有所律之說，正互相發明。第四則晏子牛山之對（晏子春秋諫上）乃墨家學問之本原，所以輕生取義者，以知此義而已。第五則晏子尼谿之沮（晏子春秋外下）此儒墨相爭之異點，合西儒政黨政治之原理。第六則泯子午見晏子（晏子春秋雜上）晏子假之以辭色，使得盡其辭，以見晏子謙冲接士之懷抱。第七則晏子使楚不辱使命（晏子春秋雜下）以見其臨機應變，出疆奉使者之法。最後一則，田無宇勝欒氏高氏，欲分其家，晏子使致之公（晏子春秋雜下）其崇君權，抑貴族之言，旨近法家，今以原文內容過長，故除載其緒論之外，並攝取全文大要，用明文旨之攸歸焉。）

羅焌諸子學述第一章晏子……晏子春秋始由儒家而入墨家，復由子部而入史部，迄今蓋尚無定論也。史記孔子世家記晏子阻齊景公以尼谿田封孔子，此事見今晏子春秋外篇第八，字句小異，而義大同。晏子尚儉約，又非毀孔子之盛樂繁禮，崇喪厚葬，實爲墨學之所自出，故墨子非儒下篇亦載此事，又載齊景公問晏子，孔子爲人何如？晏子對以孔丘非賢人，與白公無異一章，是晏子近乎墨家，其不得於儒家審矣。雖然，晏子亦不純乎墨家也，近人劉師培著晏子非墨家辨（見左盦集七），然則非儒非墨，晏子殆無家可歸？而不必然也，以晏子之行事考之，大戴禮記孔子曰：「其言曰君雖不諒於臣，臣不可以不量於君，是故君擇臣而使之，臣擇君而事之，有道順命，無道衡命。晏平仲之行也。」（衞將軍文子篇）論語：子曰：「晏平仲善與人交，久而人敬之。」（公冶長篇，「人」字從皇疏本補）。史稱齊晏平仲爲孔子所嚴事（史記列傳第七），蓋以此也。史記又云：「方晏子伏莊公尸，哭之成禮然後去，豈所謂見義不爲無勇者邪？至其諫說犯君之顏，此所謂進思盡忠，退思補過者哉！假令晏子而在，余雖爲之執鞭，所忻慕焉。」（管晏列傳第二）此以論語孝經之義稱贊晏子，蓋其有合乎儒行也。（其願爲之執鞭者，蓋有感於晏子之延罪人爲上客，薦僕御爲大夫，借以發其積憤耳。）則晏字之列於儒家，亦得夫子史公而名益彰耳，若就晏字春秋考之，四庫提要云：「是書所記，乃唐人魏徵諫錄，李絳論事集之流，特失其編次者之姓名耳，題爲晏嬰撰者，依託也。其中如王士禎池北偶談（卷二十一談異二），所摘齊景公圉人一事（今本晏子作羽人，蓋同音通叚字），鄙背荒唐，殆同戲劇，則妄人又有所竄入，非原本矣。」（景公欲殺羽人事，見晏子春秋外篇第八「景公蓋姣」一章，四庫簡明目錄云：「書中皆述嬰遺事，與著書立說者迥別，列之儒家，於宗旨固非，列之墨家，於體裁亦未允，改列傳記，庶得其眞。」（案諸子書中述遺事者甚多，不得以此援子入史也。況子家敘事，多涉寓言，尤未可據爲信史乎！）

今案：晏子一書，所載行事及諫諍之言，大抵淳于髡、優孟、優旃之流，故當時稱爲天下之辯士（韓詩外傳卷十）。擬之唐魏鄭公李相國，殊未當也。清儒馬驌氏著繹史，多采晏子春秋，而於晏子使吳章（內篇雜下），則謂其詼諧，於晏子使楚章（同上），則謂其以謔對謔；於諫景公飲酒七日七夜章（內篇諫上），則評曰「談言解紛，滑稽之所以雄也。」（繹史卷七十七），晏子嘗譏儒者「滑稽而不可軌法，」不意後儒之反脣相稽也。今以諸子十家衡之，當屬俳優小說一流（俳優卽古之稗官，說詳後）。非晏子爲小說家也，輯是書者小說家數也。玆姑仍漢志，附之儒家，其學說亦互見焉，不具述也。

嚴挺光華大學半月刊二卷二期晏子春秋辨證……夫晏子春秋之爲子爲史，籀其書者卽可洞然，無足深論。獨怪後世好勝之徒，以晏子春秋爲墨者之徒爲之，而以其書入於墨家，此猶掩耳盜鈴，抑何不思之甚耶？雖然爲是說者，由來亦久矣，原其始，始于墨子與揚子法言，墨子非儒篇載有齊景公問孔子於晏嬰，嬰毀仲尼之事，（原文過長，不便抄引），而法言五百卷則曰：「莊、楊蕩而不法，墨、晏儉而廢禮，申、韓險而無化。」非儒記晏子毀仲尼，法言以晏、墨並稱，於是世人遂謂晏子通于墨子，而以其書入於墨家。殊不知非儒之作，墨者之徒痛擊當時儒者之弊習，借晏子以爲證耳，非誠有其事也。僞孔叢評辨之矣（見孔叢子後卷詰墨第十八，原文共十章，以過長，不便徵引）。至於晏墨並稱，亦非晏子通於墨子之證也。蓋古人常有孔墨並稱者，如史記魯仲連列傳曰：「夫以孔墨之辨，不能自免于讒諛；」又如同書平津侯主父偃列傳曰：非有孔、墨、曾子之賢。」又如漢書鄒陽列傳曰：「夫以孔、墨之辨，不能自免于讒諛。」然則卽據此而謂墨子通于孔子，或孔子通于墨子可乎？因復列墨子於儒家或論語于墨家可乎？吾知其必不可矣。稍後復有柳宗元辨晏子春秋，以爲墨子之徒有齊人者爲之。……後之錄諸子書者，宜列之墨家，非晏子爲墨也，爲是書者墨之道也。（見柳子厚文集）。自子厚之論出後，於是晁公武讀書志，馬端臨經籍考遂入晏子春秋于墨家，斯子厚之忠臣，抑未深辨乎晏子春秋者也，迨於遜清管同讀晏子春秋，乃謂：「吾謂漢人所言晏子春秋不傳久矣，世所有者，後人僞爲者耳。何以言之？太史公爲管晏列傳贊曰：『其書世多有，故不論，論其軼事。』仲之傳載仲言交鮑叔事獨詳悉，此仲之軼事，管子所無。以是推之，薦御者爲大夫，脫越石父于縲絏，此亦嬰之軼事，而晏子春秋所無也。假令當時有是文，如今晏子，太史公安得稱曰軼事哉？吾故知非其本書也。……然則孰爲之？曰，其文淺薄過甚，其諸六朝後人爲之者歟？」（見因寄軒文集）此二說者，有同有異，其謂書非晏子自爲，此柳宗元，管異之之所同也；若一認爲墨者之徒有齊人者爲之，一認爲六朝人爲之，一則證于晏子春秋，一則旁考于子長史記，此又柳、管之所異也。雖然，二子之論皆非也。（更生案：原文過長，礙於篇幅，不能備引，茲略述之，以下首就晏子春秋本文以徵晏子是儒非墨，而破柳宗元墨家說。次論管同據書內之軼事認係六朝後人為之，特憑空取巧，不足以服讀者之心。最後總結晏子春秋一書非晏子自著，疑係晏嬰死後儒者為之，墨者損益。全文體系一貫，有前人所未及言之者。）

第五節　結　論

一、由子書之成因論晏子當歸諸子：

自王官失守，家學放失，歆著七略，稱某家者流，以各家之書多出於傳其學者所輯，非本人手造也。觀鬻熊爲文王師，其書涉康叔守殷，魯公曲阜之事，卽爲明證。章實齋文史通義曰：「夫三代盛時各守人官物曲之世氏，是以相傳以口耳，而孔孟以前未嘗傳其書，至戰國而守師傳之道廢，通其學者述舊聞而著於竹帛焉。」嚴可均云「先秦諸子，皆門弟子或賓客或子孫撰定，不必手著。」（見書管子後，鐵橋漫稿蔣氏刊本卷八頁七。）觀劉向敍錄，知今傳子書，皆經漢人整理編次，如墨子、莊子今本似皆非先秦舊典，彼時所有者，想僅爲不相連屬之各篇耳。漢人於整理纂輯之會，乃取同此學派之各篇，聚而掇成一編，題曰「某子」，意謂此某學派之著作，驗乎呂氏春秋之成書，不韋懸諸國門，以此自炫，可推彼時能及身成書者，爲曠古所未有，當世所罕見者也。然而人以子稱者何也？何休公羊解詁謂『古者士大夫通稱曰子。』汪中述學云：「古者公卿大夫皆稱子，子不成詞，則曰夫子，夫者人所指名也，以夫配子，取足成詞。」今按魯論所載，蘧伯玉使人問孔子，孔子曰：「夫子何爲？」對曰：「夫子寡過未能。」邢疏：「夫子指蘧伯玉。」季氏將伐顓臾，孔子曰：「求，無迺爾是過歟？」冉求曰：「夫子欲之。」邢疏：「夫子指季氏。」左傳寧嬴稱陽處父曰：「夫子其不沒乎？」是皆卿大夫通稱爲子之明證。良以官師合一之世，肄版者必入官，故弟子稱師曰「子」曰「夫子」。迨學在私家，其人率身從大夫之後而曾掌官守之實者，故弟子遂以子題其述造，何休曰：「以子冠上，著其爲師。」後人承其說，遂有以子爲各派本師或先師之稱矣。今晏子一書史記卽有春秋之名，而漢志反稱晏子，以從七略之說，由其成書之過程觀之（參閱第三章第一節）與論、孟、老、莊諸子同出一轍，再以文中稱謂，多尊「晏子」；或「子」或「夫子」，苟書不成於此派後學，何克臻此？是以晏子春秋乃子部之要籍，就其成書之因緣可知也。

二、由晏子春秋命名之由來知其與史傳不同：

四庫提要云：「案晏子一書，由後人摭其軼事爲之，雖無傳記之名，實傳記之祖也，舊列子部，今移入於此。」蔣伯潛諸子通考駁之曰：「四庫全書入史部傳記類，按其體裁，仍爲子書，非史書；所以列于史部者，豈以其名晏子春秋歟？」姚際恒引陳直齋語云：「漢志八篇，但曰晏子，隋唐七卷，始號晏子春秋。」（見姚際恒古今僞書考。）然余讀司馬遷管晏列傳有「讀管氏牧民、山高、乘馬、輕重、九府、及晏子春秋，詳哉！其言之也！」則晏子以「春秋」名，似又早在史遷之前矣；且以「春秋」名書，列入漢志諸子略者，初非晏子一家也。如：

儒家五十三家八百三十六篇中有

晏子八篇（名嬰諡平仲相齊景公，孔子稱善與人交，有列傳，師古曰，有列傳者謂太史公書。）

李氏春秋二篇

虞氏春秋十五篇（虞卿也）

雜家二十家四百三篇中有

　　呂氏春秋二十六篇（秦相呂不韋輯智略士作）

故孔叢子執節篇稱「虞卿著書，名曰『春秋』，魏齊曰：『子無然也，春秋，孔聖所以名經也，今子之書，大抵談說而已，亦以爲名何？』答曰：『經者，取其事常也，可常則爲經矣，且不爲孔子，其無經乎？』齊問子順，子順曰：『無傷也』，魯之史記曰春秋，經因以爲名焉；又晏子之書亦名春秋，吾聞泰山之上封禪者七十有二君，其見稱述，數不盈十，所謂貴賤不嫌同名也。」是知晏子春秋與李氏、虞氏、呂覽同爲入道見志之書，非編年記事之史也。唐劉子玄著史通內外篇二十卷，記今修往，考究精覈，義例嚴整；其言晏子春秋一書與春秋家記事不同之說，甚中肯棨。內篇六家云：「逮仲尼之修春秋也，乃觀周禮之舊法，遵魯史之遺文，據行事，仍人道，就敗以明罰，因興以立功，假日月而定歷數，藉朝聘而正禮樂，微婉其說，志晦其文，爲不刊之言，著將來之法，故能彌歷千載而其書獨行，又案儒者之說春秋也，以事繫日，以日繫月，言春以包夏，舉秋以兼冬，年有四時，故錯舉以爲所記之名也。苟如是，則晏子，虞卿，呂氏，陸賈，其書篇第，本無年月，而亦謂之春秋蓋有異於此者也。」則春秋爲史，史乃記事，記事者，事必繫年，今晏子既不記時月，復不編年次，亦竟以春秋名書，此史通所以斥其名體不符，有乖至理，不得躋身史傳之列，應與諸子同伍也。清浦起龍史通通釋云：「此節帶及編年，言記事必繫之年月，若晏，虞、呂、陸輩所著，事無編繫，何得假名？然編年意，本章不重，特緣此斥諸家耳！」明楊升菴不言乎：「晏子一時新聲，而功同補袞，名曰『春秋』，不虛也。」（見晏子春秋總評。）今紀昀四庫提要鑒有未精，賅而未備，顧「春秋」之名，悖成書之實，斷然改子入史，其爲識者所竊笑也必矣。夫三王之受謗也，値魯連而獲申，五霸之擅名也，逢孔宣而見詆。斯則物有恒準，而鑒無定識，蓋以晏子乃儒家之冠冕，諸子之雄長，班氏以來，年近兩千，其書隱沒，不行於世，嗚呼！豈時無識寶，世缺知音之過歟！

三、由書中文義知晏子春秋乃見道之作：

諸子者，入道見志之書也。（見劉彥和文心雕龍諸子篇。）晏子博通知要，名噪於百家；義合六經，書冠乎諸子，其言仁義也，曰「今上無仁義之理，下無替罪誅暴之行。」（見內篇諫上莊公矜勇力不顧行義晏子諫章）「安仁義而樂利世者，能服天下，倍仁義而貪名實者，不能服天下。」（見內篇問上莊公問威世服天下何也，晏子對以行也章）「其正也！不失上下之倫；其曲也，不失仁義之理。」（見內篇問下叔向問傲世樂業能行道乎，晏子對以狂惑也。）「凡有血氣者，皆有爭心，怨利生孽，維義爲可以長存。」（見內篇雜下田無宇勝欒氏高氏欲分其家晏子使致之公）「厚取之君而不施于民，是爲筐篋之藏也，仁人不爲也。」（見內篇雜下景公以晏子食不足致千金而晏子固不受）其言禮也，曰：「上若無禮，無以使其下，下若無禮，無以事其上；夫麋鹿維無禮，故父子同麀，人之所以貴于禽獸者，以有禮者。嬰聞之人君無禮，無以臨邦，大夫無禮，官吏不恭；父子無禮，其家必凶；兄弟無禮，不能久同。詩曰：『人而無禮，胡不遄死。』故禮不可去也。」

又曰：「君若無禮，則好禮者去，無禮者至；君若好禮，則有禮者至，無禮者去。」（見外篇七景公飲酒晏子去禮晏子諫）景公問後世孰將踐有齊國，晏子對以田氏：公曰：「然則奈何？」晏子對曰：「維禮可以已之，其在禮也，家施不及國，民不懈，貨不多，工賈不變；士不濫，官不諂，大夫不收公利。」公曰「善，今知禮可以爲國也。」對曰「禮之可以爲國也久矣，與天地並，君令臣忠，父慈子孝，兄愛弟敬，夫和妻柔，姑慈婦聽，禮之經也，君令而不違，臣忠而不二，父慈而教，子孝而箴，兄愛而友，弟敬而順，夫和而義，妻柔而貞，姑慈而從，婦聽而婉，禮之質之。」又曰：「夫禮先王之所以臨天下也，以爲其民，是故尚之。」（見外篇七第十五章）其言禮樂之關係也，曰：樂亡而禮從之，禮亡而政從之，政亡而國從之。」（見內篇諫上景公夜聽新樂而不朝晏子諫）其言鬼神也：曰：「上帝神，則不可欺；上帝不神，祝亦無益。」（內篇諫上景公病久不愈欲誅祝史以謝晏子諫）齊大旱逾時，景公欲少賦斂以祠靈山河伯，晏子進曰：「靈山固以石爲身，以草木爲髮，天久不雨，髮將焦，身將熱，彼獨不欲雨乎？祠之何益？河伯以水爲國，以魚鼈爲民，天久不雨，水泉將下，百川將竭，國將亡，民將滅矣，彼獨不欲雨乎，祠之何益？」故「君誠能避宮殿暴露，與靈山河伯共憂，其幸而雨矣。」是以詩云：「惠於宗公，神罔時恫。」「鬼神非人實親，惟德是依。」（見內篇諫上景公欲祠靈山河伯以禱雨晏子諫。）其言政治也，則曰：「政必合乎民，行必順乎神。」「今君政反乎民，行悖乎神。」「是以神民俱怨，而山川收祿」（見內篇問上景公問欲令祝史求福晏子對以書辭罪而無求。）又曰：「世治政平，舉事調乎天，藉斂和乎民，百姓樂其政，遠者懷其德，四時不失序，風雨不降虐，地長育而具物，神降福而不靡，民服教而不僞，治無怨業，居無廢民。）（內篇問上景公問聖人之不得意何如晏子對以不與世陷乎邪）其論持民行道曰：「卑而不失尊，曲而不失正者，以民爲本也；苟持民矣，安有遺道，苟遺民矣，安有正行焉。」（見內篇問下叔向問處亂世其行正曲，晏子對以民為本。）其言教育也，曰：「諸侯並立，善而不怠者爲長；列士並學，終善者爲師。」（內篇問下景公問賢不肖可學乎，晏子對以彊勉為上。）「禁之以制，而身不先行，民不能止，故化其心，莫若教也。」（內篇問下齊人好轂擊晏子紿以不祥而禁之。）通觀上引各節，「仁義」二字蓋爲晏子之中心思想，禮、樂、刑、政，乃其行仁施義之四大綱領，至於化民成俗，尤胥以教育是賴。吾讀班固漢書藝文志，知「儒家者流，蓋出於司徒之官，助人君，順陰陽，明教化者也；游文於六藝之中，留意於仁義之際，祖述堯舜，憲章文武，宗師仲尼，以重其言，於道最爲高。」今晏子春秋引孔子之言者八，稱曾子者有一，述孔門弟子者一，其他引詩、書、禮、春秋者，不可勝數，故劉向敍錄曰：「其書六篇，皆合六經之義，班氏漢志列晏子於儒家。嗚呼！晏子春秋入道見志之書也；其義合六經，屬諸儒家，眞千古不易之論也。至於晏子言推己達人之道，見於行事者，如景公衣狐白裘不知天寒，晏子曰：「嬰聞古之賢君，飽而知人之饑，溫而知人之寒，逸而知人之勞，今君不知也！」景公爲臺成又欲爲鐘，晏子曰：「君國者，不樂民之哀：君不勝欲，既築臺矣，今復爲鐘，是重斂于民，民必哀矣，夫斂民之哀而以爲樂，不祥，非所以君國也。」其先憂後樂之心，溢乎言表，忠諫其君之情，肫懇切實，千載以下讀其書，如見其人。內篇諫上第五章載景公冬起大臺之役，歲寒不已，凍餒者鄉有焉，國人望晏子，晏子至，已復事。公延坐，飲酒樂。晏子曰：「君若賜臣，臣請歌之，歌曰：『庶民之言曰，凍水洗我若之何？太上靡散我若之何？』」歌終，喟然歎而流涕！其民胞物與，解衣推食之誠，直可感天地而泣鬼神，孔子曰：「君子學道則愛人。」豈晏子之謂乎！

四、由晏子春秋之文辭論晏子當屬儒家：

清管異之云：「唐柳宗元知疑其書而以為出於墨氏，墨氏之徒去晏子固不甚遠，苟所為猶近古，其淺薄不當至是，……且劉向、歆、班固父子，其識皆與太史公相上下，苟所見如今書多墨氏說，彼校書胡為入之儒家哉？」（見清管同因寄軒文集讀晏子春秋。）惟異之之論，憑空取巧，不足以服子厚之心，實則欲證子厚之論為是為非，予意當就晏子春秋之文辭求之。今誦全書，皆義合六經，的然為儒家，玆臚列其證如次：

㈠稱引孔子之言者：

內篇諫上景公衣狐白裘不知天寒章：孔子聞之曰：「晏子能明其所欲，景公能行其所善。」

內篇諫下景公冬起大臺之役章：仲尼聞之喟然嘆曰：「古之善為人臣者，聲名歸之君，禍災歸之身，入則切磋其君之不善，出則高譽其君之德義，是以雖事惰君，能使垂衣裳朝諸侯，不敢伐其功，當此道者，其晏子是耶！」

同篇景公嬖妾死守之三日不斂章：仲尼聞之曰：「星之昭昭，不若月之曀曀，小事之成，不若大事之廢，君子之非，賢于小人之是也，其晏子之謂歟。」

內篇問上景公問爲政何患章：孔子聞之曰：「此言也，信矣，善進，則不善無由入矣；不善進，則善無由入矣。」

內篇問下梁丘據問子事三君不同心章：仲尼聞之曰：「小子識之，晏子以一心事百君者也。」

內篇雜上晉欲攻齊使人往觀章：仲尼聞之曰：「善哉！不出尊俎之間，而折衝于千里之外，晏子之謂也，而太師其與焉。」

同篇晏子使魯有事已章：仲尼命門弟子曰：「不法之禮，維晏子爲能行之。」

同篇晏子居喪遜答家老章：孔子曰：「晏子可謂能遠害矣，不以己之是，駁人之非，遜辭以避咎，義也夫！」

(二)稱引曾子之事者：

內篇問下曾子問不諫上不顧民以成行義者，晏子對以何以成也。

內篇雜上曾子將行晏子送之而贈以善言。

同篇晏子居喪遜答家老章，曾子以問孔子。

(三)稱引孔門弟子者：

內篇問上景公問欲善齊國之政以干霸王章：晏子對曰：「臣聞仲尼，居處惰倦，廉隅不正，則季次、原憲侍，氣鬱而疾，志意不通，則仲由、卜商侍，德不盛，行不厚，則顏回、騫、雍侍。」

㈣稱引詩經者：

內篇諫上景公愛嬖妾隨其所欲章：詩曰：「載驂載駟，君子所屆。」（孫淵如云：「小雅采菽之詩，誠作屆。張純一箋：極也，按當從此」）又詩曰：「哲夫成城，哲婦傾城。」（孫淵如云：「大雅瞻卬之詩。」）

同篇景公貪長有國之樂章：詩曰：「靡不有初，鮮克有終。」（孫淵如云：「大雅蕩之詩。」）

內篇諫下景公登路寢臺望國而嘆章：詩云：「武王豈不事，貽厥孫謀，以燕翼子。」（孫淵如云：「大雅文王有聲之詩，事作仕，貽作詒，毛傳仕事通用，貽俗字。」）

同篇景公路寢臺成逢于何願合葬章：詩云：「穀則異室，死則同穴。」（孫淵如云：「王風大車之詩。」）

內篇問下景公問賢不肖可學乎章：詩云：「高山仰之，景行行之。」（孫淵如云：「小雅車舝之詩。」

同篇魯昭公問魯一國迷何也章：詩曰：「芃芃棫樸，薪之槱之，濟濟辟王，左右趣之。」（孫淵如云：「大雅棫樸之詩」，趣詩作趣。）

同篇叔向問齊德衰子若何章：詩有之曰：「進退維谷。」（孫淵如云：「大雅桑柔之篇。」）

同篇叔向問人何以則可保身章：詩曰：「既明哲且，以保其身，夙夜匪懈，以事一人。」（孫淵如云：「大雅烝民之詩」懈詩作解。）

內篇雜上崔慶刼齊將軍大夫盟章：詩云：「莫莫葛虆，施于條枚，愷悌君子，求福不回。」（呂氏春秋高注：「詩大雅旱麓之卒章。」」）又詩云：「彼已之子，舍命不渝。」（孫淵如云：鄭風羔裘之詩。）

同篇晏子飲景公酒公呼具火章：詩云：「側弁之俄，言失德也，屢舞傞傞，言失容也。」（孫淵如云：「小雅賓之初筵詩。」）

內篇雜下景公欲更晏子宅章：詩曰：「君子如祉，亂庶遄已。」（孫淵如云：「小雅巧言之詩。」）

外上景公飲酒命晏子去禮晏子諫章：詩曰：「人而無禮，胡不遄死。」（孫淵如云：鄘風相鼠之詩。」）

同篇景公謂梁丘據與己和晏子諫章：詩曰：「亦有和羹，既戒且平，鬷嘏無言，時靡有爭。」（案左傳正義云：「詩商頌烈祖之篇，記中宗之詩也。」）

同章：詩曰：「德音不瑕。」（孫淵如云：「豳風狼跋之詩。」）

同篇景公使祝史禳彗星晏子諫章：詩曰：「維此文王，小心翼翼，昭事上帝，聿懷多福，厥德不回，以受方國。」（左傳正義云：「詩大雅大明之篇。」）

同章：詩曰：「我無所監，夏后及商，用亂之故，民卒流亡。」（左傳杜注：「此逸詩也。」）

(五)稱引書經者：

內篇諫下景公春夏游獵興役章：「昔文王不敢盤遊于田，故國昌而民安。」（劉申叔先生遺書論孔子無改制之事文云：「此卽引用書無逸之文。」）

㈥稱引禮者：

晏子春秋文中言禮制者以周禮爲本，言儀法者以儀禮爲歸，其動靜語默，更與大小戴記相表裏，引述最夥，玆不辭贅。」（更生案：請參閱第五章晏子思想之探究。）

㈦稱引春秋者：

（更生案：參閱第三章第一節**晏子春秋眞**僞考，玆不贅言）

㈧稱引論語者：

內篇雜上晏子使魯有事已仲尼以爲知禮章：「大者不踰閑，小者出入可也。」（張純一晏子春秋校注云「卽論語子張篇，大德不踰閑，小德出入可也。」）

劉師培云：「全書符大小戴禮及左氏傳者，不勝枚擧。」（更生案：見劉申叔先生遺書論孔子無改制之事一文。）據此，則是書之有涉于儒者甚多，而言墨子聞其道而稱之者僅二見，如

內篇問上景公問聖王其行若何章：墨子聞之曰：「晏子知道，道在爲人，而失在爲己，爲人者重，自爲者輕，景公自爲，而百姓不與；爲人，而諸侯爲役，則道在爲人，而行在反己，故晏子知道矣。」

內篇雜上景公惡故人晏子退章：墨子聞之曰：「晏子知道，景公知窮矣。」（更生案：此兩章疑墨者之徒以增高為己術者竄入己說，殊不足信，參閱第三章晏子春秋眞僞考。」

是晏子春秋不當列入墨家，尤非墨者之徒爲之審矣。（更生案：人或謂晏子毀仲尼，卽據以為墨家言，殊不知此乃晏子春秋外篇第八，向錄所謂不合經術者也，文自以不合經術標題，且諸子書凡屬外篇多不可信，又安足據謂墨家言哉！）至於尙同、兼愛、尙賢、明鬼、節用之說，書中雖時有間出，但若據此卽以爲墨者之徒爲之，亦非持平之論，昌黎韓愈不云乎：「儒譏墨子以上同、兼愛、上賢、明鬼，而孔子畏大人，居是邦，不非其大夫；春秋譏專臣，不上同哉！孔子泛愛親仁，以博施濟衆爲聖，不兼愛哉！孔子賢賢，以四科進褒弟子，疾沒世而名不稱，不上賢哉！孔子祭如在，譏祭如不祭者曰，我祭則受福，不明鬼哉！」（見朱文公校昌黎先生集卷十一讀墨子，四部叢刊一○一頁。）至於薄葬，節儉反用夏道，論語：「禹吾無間然矣，非飮食而致孝乎鬼神，惡衣服而致美乎黻冕，卑宮室而盡力乎溝洫，禹吾無間然矣。」又曰：「飯蔬食飮水，曲肱而枕之，樂亦在其中矣。」豈不節儉而用夏道哉！晏居喪盡禮，家老曰：「非大夫喪父之禮也。」晏子遜答之「唯卿爲大夫。」謙辭避咎，薄葬遠害，蓋起於救時之弊，與墨子「棺三寸，衣三領，下毋及泉，生不久哭」之論逈別。子厚信是書墨者齊人爲之，吾不知其何據而云然？必不得已而求之，吾於景公夜聽新樂晏子諫（見內篇諫上。），及景公欲厚葬梁丘據晏子諫（見內篇諫下。）景公欲以人禮葬走狗晏子諫（見內篇諫下）三章而已。雖然，晏子之諫亦異乎墨子之「非樂」「短喪」也。蓋晏子諫聽新聲，以新樂淫君故耳。文曰：「夫樂亡而禮從之，禮亡而政從之，政亡而國從之，國衰，臣懼！」是以「命宗祝修禮而拘虞。」論語曰：「放鄭聲，遠佞人；鄭聲淫，佞人殆。」孟子曰：「

民欲與之偕亡，雖有臺池鳥獸，其能獨樂哉！」夫大樂與天地同和，大禮與天地同節，知樂幾禮，（參見荀子樂論、禮記樂記。）驗乎孔孟荀三子之言，則晏子諫聽新聲，豈墨氏非樂之旨哉！至於諫景公之厚葬梁丘據，在正官邪而勸倫常；諫毋以人禮葬走狗，在省刑罰而薄藉斂，使君怨毋聚于百姓，權並駕乎諸侯，斯旨於墨有未合，而於儒全不悖，若乃「君令臣忠，父慈子孝，兄愛弟敬，夫和妻柔，姑慈婦聽，爲「禮之經」（見晏子春秋外篇第七，景公問後世孰將踐有齊者晏子對以田氏。）。此與儒家「以禮讓爲國」之倫理思想尤合。其他類似之言，多如繁星之爛然，子厚等特舉什一之墨說，（所擧亦非持平之論。）而抹煞全部之儒論，吾固曰：「晏子春秋當屬儒家，子厚之巧言實足以亂德也。」

五、由儒家之流變證陳蘭甫說晏子爲滑稽之濫觴之非是：

陳蘭甫東塾讀書記與羅浚諸子學述皆以爲晏子當屬俳優小說一流，並謂「非晏子爲小說家也，輯是書者小說家數也。」此似未諳於學術之流變也。儒家固以通經爲本，以孔子爲宗，（更生案：儒為術士之稱，古代術士之學，蓋明六藝，以俟進用。王制篇言樂正順先王詩書禮樂以造士。文王世子篇，言春誦夏絃，秋學禮，冬讀書。王制篇又言司馬辯論官材，論進士，賢以告王，論定然後官，論官然後爵，位定然後祿，均其徵也。降及孔子，以六藝施教，俾為學者進身之資，其學者遂以儒家名……儒家既該於六藝，故孔子卽以詮明六藝，紹古代術士之傳。史記言孔子弟子身通六藝者七十二人，既曰身通六藝，則所學與古術士同，故韓詩外傳云，儒之為言無也，不易之術也，千變萬化，其道無窮，六經是也，太史公自序曰，夫儒六藝為法。……而史記於傳經之人別立儒林傳，誠以孔子奉六經為學，學者遵之，不與古術士之學相背也。古代惟術士以學進身，荀子王霸篇云，論德使能而官使之者，聖王之道也，儒之所謹守也，與王制辨論官材之說合。荀子儒效篇曰，大儒者，天下三公也，小儒者，諸侯大夫也，則儒以進用為術，故孔子以不仕無義責文人，子張之徒且言干祿，蓋默契學仕互訓之旨也。要之儒為術士，惟通經致用，始被此稱，孔子治經，故以儒家標說，「參見章太炎國學略說，劉師培左盦集釋儒。」）然觀其學之流變，亦或爲諸子之所自出，漢書藝文志於名家，引孔子必也正名，於縱橫家引孔子誦詩三百，使於四方，不能專對；於農家引孔子所重民食；於小說家引孔子雖小道，必有可觀；於兵家引孔子爲國者足食足兵；足證諸子學術，不悖孔門，惟僅得孔門之一體耳。且孔子問禮於老聃，則孔子兼明道家之學。作易以明陰陽，如「立天之道，曰陰曰陽，立地之道，曰柔曰剛。」「一陰一陽之謂道」之類，則孔子兼明陰陽家之學。言殊塗同歸，言審法度，則孔子兼明雜家、法家之說。韓昌黎言孔、墨相爲用，以兼愛即孔子之泛愛衆，以尚儉即孔子稱「禹，吾無間然」之義，說雖未確，然謂孔必用墨，墨必用孔，固屬不刋之論，則孔子又兼明墨家之學。唯其兼明諸子之學，故孔學末流亦多與九流相合。如田子方受業於子夏，子方之後，流爲莊周（呂氏春秋當染篇：「田子方學於子貢，段干木學于子夏，吳起學于曾子，禽滑釐學于墨子。」）史記儒林傳云：「田子方，段干木，吳起，禽滑釐之屬，皆受業於子夏之倫，為王者師。」孫詒讓為墨學傳授考謂「田子方、段干木、吳起、受業于子夏，後學于墨子。」

錢賓四先秦諸子繫年卷二墨子弟子通考說孫說非是。」莊子外篇有田子方第二十一。）而孔學雜於道家，禽滑釐爲子夏弟子（見史記儒林傳），治墨學，而孔學雜於墨家。告子嘗學於孟子（見孟子趙注及朱竹垞孟子弟子考。），兼治名家言，而孔學雜於名家。荀卿之徒，流爲韓非李斯，（按法家有二派，一本儒家，卽非斯之流：定名分，別尊卑者也，一為道家。）而孔學雜於法家。陳良悅孔子之道，其徒陳相爲神農之言，而孔學雜於農家，曾子之徒，流爲吳起（按起為曾子弟子，見史記吳起傳。），則孔學雜於兵家，（以上參閱劉申叔先生遺書左盦外集，孔學真論。）由是言之，孔門學術大而能博，此南郭惠子所以有「夫子之門何其雜也」之說也。夫晏子春秋言稱仁義，語合六經，自屬儒家言，其書雖或兼綜小說，爲滑稽之濫觴，又何害晏子之爲儒乎？如：

內篇諫上景公飲酒七日不納弦章之言晏子諫章。

同篇景公欲祠靈山河伯以禱雨晏子諫章

同篇景公從畋十八日不返國晏子諫章。

其諫景公之飲酒也曰：「幸矣，章遇君也，令章遇桀紂、章死久矣。」此言君非桀紂，當納其諫而旌其忠。其諫景公之祠靈山河伯以禱雨也，曰：「夫靈山固以石爲身，以草木爲髮，天久不雨，髮將焦，身將熱，彼獨不欲雨乎，祠之何益？……河伯以水爲國，以魚鼈爲民，天久不雨，水泉將下，百川將竭，國將亡，民將滅矣，彼獨不欲雨乎，祠之何益？」此言請人不如請己，詞神不如敬人，爲政在德而不在祠靈山河伯也。其諫景公之從畋十八日而不返也，「若乃心之有四支，而心得佚焉則可，令四支無心，十有八日，不亦久乎！」此言君爲臣剛，好獸而惡民，毋乃不可乎！明楊升菴晏子春秋總評云：「晏子危言行，善順衡，施之後主，正中其病，其藥要在對病而已。」又云：「晏子春秋譚端說鋒，與策士辨者相似，然不可謂非正也。孔子論五諫曰：『吾從其諷。』觀其說苑及晏子春秋口載以諷而從，不可勝數。蘇洵作諫論，欲以管晏之術，而行逢、干之心，是或一道也，故當時諷諫之妙，惟晏子得之。」晏子之諫，深得風雅之正，不可因此强入於小說家，正如孔子必用墨子，墨子必用孔子，（見朱文公校昌黎先生集卷十一讀墨子。）墨子不得藉以入儒家，孔子不得藉以列墨家然也。陳蘭甫羅焌二子得吾言，亦可以頷首稱善矣夫？

第五章　晏子思想之探究

晏子之學，法先王，崇禮樂，出乎救時之弊；其先民後身，薄已裕人之行。深契經世致用之旨。

晏子春秋內篇雜下第二十五章：「景公以晏子乘弊車駑馬，使梁丘據遺之，三返不受，公不說，趣召晏子，晏子至，公曰：『夫子不受，寡人亦不乘。』晏子對曰：『君使臣臨百官之吏，臣節其衣服飲食之養，以先齊國之民，然猶恐其侈靡而不顧其行也，今輅車乘馬，君乘之上，而臣亦乘之下，民之無義，侈其衣服飲食，而不顧其行者，臣無以禁之。』」晏子春秋內篇雜下第二十六章：「景公睹晏子之食菲薄，而嗟其貧。公曰：『夫子之家，如此其貧乎，而寡人不知，寡人之罪也。』晏子對曰：『以世之不足也，免粟之食飽，士之一乞也，炙三弋，士之二乞也，苔菜五卵，士之三乞也。嬰無倍人之行，而有三士之食，君之賜厚矣。』」晏子春秋內篇問下第二十二章：「叔向問晏子曰：『意孰為高，行孰為厚？』對曰：『意莫高于愛民，行莫厚于樂民。』又問曰：「意孰為下，行孰為賤？』對曰：『意莫下于刻民，行莫賤于害身也。』」

其言理多寓於行事之中；故吾人於動靜語默之際，可以觀其博約取捨之識，於生活燕居之時，可以悟其絜靜精微之理。

晏子春秋內篇問下第二十四章：「叔向問晏子曰：『君子之大義何若？』晏子對曰：『君子之大義，和調而不緣，溪盎而不苛，莊敬而不狡，和柔而不銓，刻廉而不劌，行精而不以明汙，富貴而不傲物，貧窮而不易行，尊賢而不退不肖，此君子之大義也。』」

晏子春秋內篇問下第二十五章：「叔向問晏子曰：『進不能事上，退不能為家，傲世樂業，枯槁為名，不疑其所守者，可謂能行道乎？』晏子對曰『嬰聞古之能行道者，世可以正則正，不可以正則曲，其正也，不失上下之倫，其曲也，不失仁義之理，不以傲上華世，不以枯槁為名，故道者，世之所以治，而身之所以定也。今以不事上為道，以不顧家為行，以枯槁為名，世行之則亂，身行之則危，且天之與地，而上下有衰矣，明王始立，而居國為制矣，政教錯而民行有倫矣，今以不事上為道，反天地之衰矣，以不顧家為行，倍先聖之道矣，以枯槁為名，則世塞政教之途矣。有明上不可以為下，遭亂世不可以治亂，說若道，謂之惑，行若道，謂之狂，惑者狂者，木石之樸也，而道義未戴焉。』」

其持身謹嚴，不與君陷乎邪，順則進，否則退。是以列士並學，能終善而為師。哭亡君，安危國，而不私利。僇崔杼之尸，滅賊亂之徒，而不獲名。使齊外無諸侯之憂，內無國家之患，而不伐功。

晏子春秋內篇問下第十二章：「晏子使魯見昭公，昭公說曰：『天下以子大夫語寡人者衆矣，今得見而羨乎所聞，請私而無為罪，寡人聞大國之君蓋回曲之君也，曷為以子大夫之行，事回曲之君乎？』晏子逡循對曰：『嬰不肖，嬰之族又不若嬰，待嬰而祀先者五百家，故嬰不敢擇君。』晏子出，昭公語人曰：『晏子仁人也，哭亡君，安危國，而不私利焉，僇崔杼之戶，滅賊亂之徒，不獲名焉，使齊外無諸侯之憂，內無國家之患，不伐功焉，鍖然不滿，退託于族，晏子可謂仁人矣。』」

晏子春秋內篇問下第六章：「景公問晏子曰：『人性有賢不肖，可學乎？』晏子對曰：『詩云「高山仰之，景行行之」，之者。其人也，故諸侯並立，善而不怠者為長，列士並學，終善者為師。』」

其生活尚「勤」「儉」。由於尚儉，故儉在心不在物，所以不惑於外，而祛外誘之私；由於尚勤，故常行而不怠，所以內得於己，而充其本然之善。夫「儉，德之共也。」（見左傳莊二十四年。）儉無爲而勤無不爲，是以內能親親，外能厚賢，居相國之位，受萬鍾之祿，親戚待其祿而衣食者五百餘家，處士待而舉火者亦甚衆，齊人以此重之。

晏子春秋內篇雜下第十二章：「晏子布衣棧車而朝，田桓子侍景公飲酒，請浮之。晏子曰：『何故也？』田桓子曰：『君賜之卿位以顯其身，寵之百萬以富其家，羣臣之爵，莫尊于子，祿莫重於子，今子衣緇布之衣，麋鹿之裘，棧軫之車，而駕駑馬以朝，故浮子。』晏子避席曰：『請飲而後辭乎？其辭而後飲乎？』公曰：『辭而後飲。』晏子曰：『君賜之卿位，以顯其身，嬰非敢為顯受也，為行君令也。寵之百萬，以富其家，嬰非敢為富受也，為通君賜也。臣聞古之賢君，臣有受厚賜，而不顧其困族，則過之，臨事守職，而不勝其任，則過之，君之內隸，臣之父兄，若有離散在于野鄙，此臣之罪也；君之外隸，臣之所職，若有播亡，在于四方，此臣之罪也。兵車之不完，戰車之不修，此臣之罪也。夫弊車駑馬之朝，意者非臣之罪乎！且以君之賜，父之黨，無不乘車者，母之黨，無不足于衣食者，妻之黨，無凍餒者，國之閒士，待臣而後擧火者數百家，如此者，為彰君賜乎？為隱君賜乎？』公曰：『善！為我浮無字也。』」

劉向晏子春秋敍錄云：「晏子……博通如此，蓋次管仲，內能親親，外能厚賢，居相國之位，受萬鍾之祿。故親戚待其祿而衣食五百餘家，處士待而擧火者，亦甚衆，晏子衣粗布之衣，麋鹿之裘，駕弊車駑馬，盡以祿給親戚朋友，齊人以此重之。……」

其學術思想，上承周禮之餘緒而恢廓之。故其尊王道，强公室，於言行中時見發明。至於崇禮尚義，修己爲人，順陰陽之性，明教化之本，遊心於六藝，留情於五常，尤與孔子以直接之影響。

論語公冶長篇：「子曰：『晏平仲善於人交，久而敬之。』」

孟子公孫丑上：「管仲以其君霸，晏子以其君顯。」

史記仲尼弟子列傳：「孔子之所嚴事，於周則老子，於衞蘧伯玉，於齊晏平仲。」

孔子家語辨政：「子貢問于孔子曰：『夫子之于子產，晏子，可謂至矣，敢問二大夫之所自為，夫子之所以與之者？』孔子曰：『夫子產于民為惠主，于學為博物；晏子于君為忠臣，而行為恭敏。故吾皆以兄事之，而加愛敬。』」

劉向晏子春秋敍錄云：「晏子博聞強記，通于古今……其書六篇，皆忠諫其君，文章可觀，義理可法，皆合六經之義。」

更生案：本文第四章晏子所屬學派論，其結論述晏子文章可觀，義理可法，皆合六經之義之證據甚為全備，讀者得而玩之，可知此段文字持論之依據。

推其思想脈絡交貫之大概，蓋以仁義統其樞機。

春秋內篇諫下第十四章：「晏子對曰：『古者嘗有處橧巢窟穴而王天下者，其政不惡，予而不取，天下不朝其室，而共歸其仁。古者嘗有紩衣攣領而王天下者，其政好生而惡殺，節上而羨下，天下不朝其服，而共歸其義。』」

晏子春秋內篇問上第一章：「晏子對曰：『安仁義而樂利世者能服天下……信仁義而貪名實者，不能服天下。』」

更生案，安於仁則民無疾苦，安於義則行有節制，率舉國之民克勤克儉，以利天下為樂，天下自歸心矣。故書經太甲曰：『一人元良，萬邦以貞。』仁以為經，義以為紀，此萬世不更者也。

推愛為其手段。

晏子春秋內篇雜上第八章：「晏公憐飢者，晏子曰：『臣聞之，樂賢而哀不肖，守國之本也，今君愛老，而恩無所不逮，治國之本也。』」

晏子春秋內篇雜上第九章：「景公探雀鷇，鷇弟，反之。晏子聞之，不時而入見，公汗出，惕然，晏子曰：『君何為者也？』公曰：『吾探雀鷇，鷇弱故反之。』晏子逡巡，北面再拜而賀曰：『吾君有聖王之道矣。』公曰：『寡人探雀鷇，鷇弱故反之，其當聖王之道者何也？』晏子對曰：『君探雀鷇，鷇弱反之，是長幼也，吾君仁愛，曾禽獸之加焉，而況于人乎？此聖王之道也。』」

更生案：「孟子因齊宣王不忍牛之觳觫，以羊易之，稱其德可保民而王，推恩足以保四海之意，與此正復相同。」

德化爲其目的。

晏子春秋內篇諫上第十四章：「晏子曰：『古之王者，德厚足以安世，……德厚行廣配天象時。』」又同篇第十五章：「善哉！晏子言，可無用乎？其維有德。」

晏子春秋內篇問上第二章：「不德而有功，憂必及君。」又同篇第三章：「德無以安國，……德無以安之則危……」又同篇第二十三章：「……古者文王修德不以要利……是以諸侯明乎其行，百姓通乎其德，故君民而不危，用國而不弱也。」

晏子春秋內篇問下第十七章：「文王慈惠殷衆，收恤無主，是故天下歸之，民無私與，維德之授。」

晏子春秋外篇七第六章：「君無違德，方國將至，何患于彗。……若德回亂，民將流亡，祝史之為，無能補也。」

晏子春秋外篇七第八章：「景公見道殣，自慙無德，晏子對曰：『君之德著而彰，何為無德也。』

又曰：『君之德及後宮與臺榭，君之玩物，衣以文繡，君之鳧雁，食以菽粟，君之營內自樂，延及後宮之族，何為其無德。顧臣願有請於君，由君之意，自樂之心，推而與百姓同之，則何殣之有？君不推此，而苟營內好私，使財貨，偏有所聚，菽粟幣帛，腐于囷府，惠不徧加于百姓，公心不周乎萬國，則桀紂之所以亡也。夫士民之所以叛，由偏之也。君如察臣嬰之言，推君之盛德，公布之於天下，則湯武可為也，一殣何足恤哉！』」

至其風流一代，光被來世者，尤在破除迷信鬼神之觀念，建立民本主義之思想，故晏子於我國先秦學術史中，實居於承先啓後之關鍵，學者於此，不可不特加留意也。玆編據晏子春秋篇章之可信者（見本論文第三章晏子春秋考辨結論所述。）博蒐約取，汰蕪存菁，參校異同，以籠圈要旨，臚陳八事，以究明梗概，庶幾乎可由此得見晏子思想之全貌焉。

第一節 天道

晏子言天道，以爲天有意志，宰制萬物，人行善者天賞之，行不善者天殃之。

晏子春秋內篇諫上第二十一章：景公之時，熒惑守于虛，期年不去，公異之，召晏子而問曰：「吾聞之，人行善者天賞之，行不善者天殃之。熒惑，天罰也，今留虛，其孰當之？」晏子曰：「齊當之。」公不說曰：「天下大國十二，皆曰諸侯，齊獨何以當之？」晏子曰：「虛，齊野也，且天之下殃，固于富疆，為善不用，出政不行，賢人使遠，讒人反昌，百姓疾怨，自為祈祥，錄錄彊食，進死何賞，是以列舍無次，變星有芒，熒惑回逆，孽星在旁，有賢不用，安得不亡。」

晏子春秋內篇諫下第五章：景公冬起大臺之役，晏子至已復事，公延坐，飲酒樂，晏子曰：「君賜臣，臣請歌之，歌曰：『庶民之言曰：凍水洗我若之何！太上靡散我若之何！』歌終，喟然嘆而流涕，公就止之曰：「夫子何為至此？殆為大臺之役夫？寡人將速罷之。」晏子再拜，出而不言，遂如大臺，執朴，鞭其不務者，曰：「吾細人也，皆有蓋廬，以避燥濕，今君為一臺而不速成，何以為役？」國人皆以晏子助天為虐。

晏子春秋外篇八第十六章：景公聞晏子死，曰：「子大夫日夜責寡人，不遺尺寸，寡人猶日溢佚而不收，怨罪重積于百姓，今天降禍于齊，不加罪于寡人，而加于夫子，齊國之社稷危矣。」

人君欲避禍祈福，必須上體天心，下顧黎民；百姓樂其政，遠者懷其德；如此天方明象而致贊，地始長育而具物，神降福而不靡，民服教而不僞。

晏子春秋內篇問上第二十二章：景公問晏子曰：「聖人之不得意何如？」晏子對曰：「上作事反天時，從政逆鬼神，藉斂殫百姓，四時逆序，神祇共怨，道忠者不聽，薦善者不行，諛過者有賞，救失者有罪，故聖人伏匿隱處，不干長上，潔身守道，不與世陷乎邪，是以卑而不失義，瘁而不失廉，此聖人之不得意也。」公曰：「聖人之得意何如？」對曰：「世治政平，舉事調乎天，藉斂和乎民，百姓樂其政，遠者懷其德，四時不失序，風雨不降虐，天明象以致贊，地長育而具物，神降福而不靡，民服教而不僞，治無怨業，居無廢民，此聖人之得意也。」

若不此之謀，而欲求神以祈福，未有能邀天之寵者！

晏子春秋內篇諫上第十四章，楚巫微道裔款以見景公，侍坐三日，景公說之，楚巫曰：「公神明之主，帝王之君也，公卽位十有七年，事未大濟者，神明未至也，請致五帝，以明君德。」景公再拜稽首，楚巫曰：「請巡國郊，以觀帝位，至于牛山而不敢登，公命百官供齋具于楚巫之所，裔款視事，晏子聞之而見于公曰：「公令楚巫齋牛山乎？」公曰：「然，致五帝以明寡人之德，神將降福于寡人其有所濟乎？」晏子曰：「君之言過矣，古之王者，德厚足以安世，行廣足以容衆，諸侯戴之以為君長，百姓歸之以為父母。是故天地四時，和而不失，星辰日月，順而不亂，德厚行廣，配天象時，然後為帝王之君，神明之主。」

究其微旨，蓋承自然崇拜之宗教思想，予以倫理化。其爲說也，固不利於宗教之發展，但融天道於人事之中，正見其學術思想之大源。

更生案：周代宗教思想，至春秋而獲更新，原以西周之初，周公上紹堯、舜、禹、湯、文、武之緒，下啓九流十家之運，承先啓後，實乃中國文化史上之儁傑，其所定周禮六官（姚際恒古今偽書考謂周禮出於西漢之末，非周公自著）不僅是政治上之矩矱，同時亦設有祭祀之專官，分「祀天」「祭祖」為二神之宗教，彼時所謂天者，皆以天為賞善罰惡之主宰。一切易朝更姓之政治變局，莫不有天意存乎其間，故武王伐紂，於牧野誓師曰：『今予發惟恭行天之罰。』周公戒成王，歷擧天命以為言，曰：『有命自天，命比文王，於周於京。……篤生武王，保佑命爾，燮伐大商。』」（見詩經大明篇）其後周公東征，膺討管、蔡，仍以天命不易告誡諸侯。書大誥曰：『迪知上帝命，粤天棐忱，爾時罔敢易定，矧今天降戾於周邦？爾亦不知天命不易？』是皆以為人命天定，不可勉強，人當順敬天命，修身以俟之。故詩經雨無正、小宛云：『凡百君子，各敬爾身。』『各敬爾儀，天命不文，風興夜寐，無忝爾所生。』人如不能修身，則必上觸天威，自取其咎。詩經大雅蕩之篇云：『匪上帝不時，殷不用舊。』又書金縢篇載：『周公居東。……秋大熟未穫，天大雷電以風，禾盡偃，大木斯拔，邦人大恐，王與大夫盡弁，以啓金縢之書，乃得周公所自以為功，代武王之說。……王執書以泣，曰：……今天動威，以彰周公之德，惟朕小子其新逆。……王出郊，天乃雨反風，禾則盡起，二公命邦人，凡大木所偃，盡起而築之，歲則大熟。』表明上天動威，人當「敬天之怒。」「畏天之威。」「小心翼翼。」以「昭事上帝。」此乃西周天道之大觀也。東周而後，變局迭乘，人心厭亂，對天帝憖政之說發生懷疑，於是詩經節南山云：『昊天不傭，降此鞠凶，昊天不惠，降此大戾，不弔昊天，亂靡有定，昊天不平，我王不寧。』雨無正：「浩浩昊天，不駿其德，降喪饑饉，斬伐四國。』『如何昊天，辟言不信？』此一反向所敬威之天，而加以怨尤、懷疑，則自古相傳之天道思想，竟成動搖之現象，故晏子說齊侯以德厚行廣。正見其天道思想轉換之轍迹。（參見王治心著中國宗教思想史大綱第三節周代宗教思想的變遷。）

影響所及，孟子之「盡性事天」，仲舒之「天人契合」，大略椎輪，此又迹之可得而尋者也。

孟子盡心章上：「盡其心者，知其性也。知其性則知天矣。存其心，養其性，所以事天也。夭壽不貳，修身以俟之，所以立命也。」又：「夫君子所過者化，所存者神，上下與天地同流，豈曰小補之哉？」

更生案：「以孟子盡性事天與晏子之說較，則孟子之言精微，而晏子所說平實，但作始雖簡，功不可沒焉。」

董仲舒春秋繁露人副天數云：「天地之精所以生物者莫貴於人，人受命乎天也，故超然有以倚物疢疾莫能為仁義，唯人獨能為仁義，物疢疾莫能偶天地，唯人獨能偶天地，人有三百六十節，偶天之數也，形體骨肉，偶地之厚也。上有耳目聰明，日月之象也，體有空竅理脉，川谷之象也，心有哀樂喜怒，神氣之類也。觀人之體，一何高物之甚而類於天也，物旁折取天之陰陽以生活耳，而人乃爛然有其文理，是故凡物之形，莫不伏從旁折天地而行，人獨題直立端尚，正正當之。是故所取天地少者旁折之，所取天地多者正當之，此見人之絕於物而參天地。」

董仲舒春秋繁露為人者天云：「為生不能為人，為人者，天也。人之本於天，天亦人之曾祖父也，此人之所以乃上類天也。人之形體，化天數而成，人之衆氣，化天志而仁，人之德行，化天理而義，人之好惡，化天之暖清，人之喜怒，化天之寒暑。……天之副在乎人，人之情性，有由天者矣。」

更生案：仲舒立天人契合之說，本上古崇拜自然之宗教而敷張之，以為蹤跡吾人之生系，自父母而祖父母而曾祖父母，又遞推本乎天，故天者，不特為吾人法理之天，而實為吾血族之祖矣，故吾人不可不敬之法之，況天生之以孝悌，地養之衣食，人成之以禮樂，三才歸一，而宇宙究極之理想，不外倫理道德也。由是以人為一小宇宙，而自然界之變異，無不與人事相應矣。仲舒之說，在調合孟、荀，雜糅陰陽，而為漢儒之宗。

第二節　鬼　神

其言鬼神多持懷疑態度；如諫誅祝史，則曰：上帝神則不可欺，上帝不神祝亦無益，不然刑無罪而媚鬼神，夏商之所以滅也。」

晏子春秋內篇諫上第十二章：景公病久不愈欲誅祝史以謝，晏子曰：「君以祝為有益乎？」公曰：「然。」晏子免冠曰：「若以為有益，則詛亦有損，忠臣擁塞，諫言不出，臣聞之，近臣嘿，遠臣瘖，衆口鑠金，今自聊攝以東，姑尤以西者，此其人民衆矣，百姓之咎怨誹謗，詛君于上帝者多矣，一國詛，兩人祝，雖善祝者不能也。且夫祝直言情，則謗吾君也。隱匿過，則欺上帝也，上帝神則不可欺，上帝不神祝亦無益，願君察之也。不然，刑無罪，夏、商所以滅也。」

其諫祠靈山河伯以禱雨，以爲「君誠避宮殿暴露，與靈山河伯共憂，其幸而雨乎！」

晏子春秋內篇諫上第二十五章：景公欲祠靈山河伯以禱雨，晏子曰，「不可。祠無益也，夫靈山固以石為身，以草木為髮，天久不雨，髮將焦，身將熱，彼獨不欲雨乎？祠之何益。」公曰：「不然，吾欲祠河伯，可乎？」晏子曰：「不可！河伯以水為國，以魚鱉為民，天久不雨，水泉将下，百川将竭，國将亡，民将滅矣，彼獨不欲雨乎？祠之何益。」景公曰：「今為之奈何？」晏子曰：「君誠避宮殿暴露，與靈山河伯共憂，其幸而雨乎！」

由人事而推天理，攝外物集乎內心，民之所好好之，民之所惡惡之，德洽太和，休徵備至。故其敬神不如求人，請人不如請己，內發外揚，最是平仲修己治人得力處。

第三節　生　死

好生惡死，人之通性。晏子生當季世，目擊世變日亟，民生痛苦，乃精研事物盛衰之理，存亡之實，以爲「上帝以人之死爲善，仁者息焉，不仁者伏焉」。

晏子春秋內篇諫上第十八章：景公出遊于公阜，北面望，睹齊國，曰：「嗚呼！使古而無死，何如？」晏子曰：「昔者上帝以人之死為善，仁者息焉，不仁者伏焉，若使古而無死，太公丁公将有齊國，桓、襄、文、武将皆相之，君将戴笠，衣褐，執銚耨，以蹲伏畎畝之中，孰暇患死。」

誠以物有必至，事有當然，人徒悲老而哀死，何如修身愼行以濟世。

晏子春秋內篇諫上第十七章：景公遊於牛山，北臨其國城而流涕曰：「若何滂滂去此而死乎？」艾孔、梁丘據皆從而泣，晏子獨笑于旁，公刷涕而顧晏子，曰：「寡人今日之遊悲，孔與據皆從寡人而涕泣，子之獨笑何也？」晏子對曰：「使賢者常守之，則太公、桓公将常守之矣，使勇者常守之，則靈公、莊公常守之矣，數君者將守之，則吾君安得此位而立焉。以其迭處之，迭去之，至于君也，而獨為之流涕，是不仁也，不仁之君見一，諂諛之臣見二，此臣之所以獨竊笑也。」

張純一晏子春秋校注引列子天瑞篇張湛注曰：「生死古今所同，而獨善古之死者，明古人不樂生而惡死也，修身慎行，恒懷兢推，此仁者之所憂，貪欲縱肆，常無厭足，此不仁者之所苦，惟死而後休息寢伏之。」

其人生觀也，凡事盡其在我，稱身就位，計能受祿，選賢進能，不私乎內。事君，則有難不死，出亡不送，不與君陷乎邪；世可以正則正，不可以正則曲，其正也，不失上下之倫，其曲也，不失仁義之理。道用與世樂業，不用有所依歸。

晏子春秋內篇問下第二十五章：叔向問傲世樂業能行道乎？晏子曰：「嬰聞古之能行道者，世可以正則正，不可以正則曲，其正也，不失上下之倫，其曲也，不失仁義之理，道用與樂業，不用有所依歸。不以傲上華世，不以枯槁為名，故道者世之所以治，而身之所以安也。」

晏子春秋內篇問上第二十章：景公問忠臣之行何如？晏子曰：「選賢進能，不私乎內。稱身就位，計能受祿，睹賢不居其次，受祿不過其量，不權居以為行，不稱位以為忠，不揜賢以隱長，不刻下以諛上，君在不事太子，國危不交諸侯，順則進，否則退，不與君行邪也。」

晏子春秋內篇問上第十九章：景公問忠臣之事君何若？晏子曰：「有難不死，出亡不送。……故忠臣也者，不與君陷乎難。」

晏子春秋內篇問下第十八章：叔向問齊德衰子若何？晏子對曰：「嬰聞事明君者竭心力以沒其身，行不逮則退，不以誣持祿。事惰君者，優游其身以沒世，力不能則去，不以諛持危。……進不失忠，退不失行。」

故於事從容不迫，於人恭而有禮，靜處遠慮而無近憂。

晏子春秋內篇雜上第三章：崔杼將殺晏子，其僕將馳，晏子撫其手，曰：「徐之，疾不必生，徐不必死，鹿生于野，命縣于厨，嬰命有繫矣。」按之成節而後去，詩云：「彼己之子，舍命不渝。」晏子之謂也。

晏子春秋雜下第十三章：田無宇請求四方之學士，晏子曰：「嬰惡能無獨立焉，且人何憂，靜處遠慮。」

不然，苟偷身徒處，飾枯槁之義，揚輕上之名，「欲潔其身而亂大倫」，乃木石之樸，道義未戴，則謂之傲上亂賊。此晏子人生觀之大要也。

晏子春秋內篇問下第二十章，叔向問事君徒處之義奚如？晏子曰：「有智不足以補君，有能不足以勞民，偷身徒處，謂之傲上。苟進不擇其道，苟得不知所惡，謂之亂賊，……明君在上，三者不免罪。」

晏子春秋內篇問上第十三章：景公問善為國家者何如？晏子對曰：「賢而隱庸為賢乎？」

晏子春秋內篇問下第二十五章：「晏子曰：「政教錯而民行有倫矣，今以不事上為道，反天地之衰矣，以不顧家為行，倍先聖之道矣，以枯槁為名，則世塞政教之途矣，有明上而不可以為下，遭亂世不可以治亂，說若道謂之惑，行若道謂之狂，惑者狂者，木石之樸也，而道義未戴焉。」

第四節　倫　理

晏子言倫理，所重者後天之修爲。故曰：「諸侯並立，善而不怠者爲長；列士並學，能終善者爲師。」（見晏子春秋內篇問上第六章景公問晏子，人性有賢不肖，可學乎？）觀其言事君之倫，徒處之義，則賢不肖之辨甚明。

晏子春秋內篇問下第二十章，叔向問事君徒處之義奚如？晏子對曰：「事君之倫，知慮足以導民，和柔足以懷衆，不廉上以為名，不倍民以為行，上也。潔於治己，不飾過以求先，不讒諛以求進，不阿以私，不誣所能，次也。盡力守職，不怠奉官，從上不敢惰，畏上故不苟，忌罪故不避，下也。三者，事君之倫也。及夫大賢，則徒處與有事，無擇也，隨時宜者也。有所謂君子者，能不足以補上，退處不順上，治唐園，考菲履，共恤上令，弟長鄉里，不夸言，不愧行，君子也，不以上為本，不以民為憂，內不恤其家，外不顧其游，夸言愧行，自勤于飢寒，不及醜儕，命之曰，狂僻之民，明上之所禁也。進也，不能及上，退也，不能徒處，作窮于富利之門，畢志于畎畝之業，窮通無常，慮佚于心（依張純一晏子春秋校注刪補），通利不能，窮業不成，命之曰，處封之民，明上之所誅也，有智不足以補君，有能不足以勞民，偷身徒處，謂之傲上，苟進不擇所道，苟得不知所惡，謂之亂賊，身無以與君，能無以勞民，飾徒處之義，揚輕上之名，謂之亂國。明王在上，三者不免罪。」叔向曰：「賢不肖，性夫，吾每有問，而未嘗自得也。」

晏子以仁義爲治事之樞機，評人之標準。

更生案：如論事：

內篇諫上第一章：「湯、武用兵而不為逆，並國而不為貪，仁義之理也。」

內篇問上第十六章：「修道立義，大不能專，小不能附者滅。」

內篇問上第十七章：「所言不義，不敢以要君。」

內篇問上第十七章：「上無私義，下無竊權。」

內篇問上第十七章：「上以愛民為法，下以相親為義，是以天下不相違。」

內篇問下第二十四章：「尊賢而不退不肖，此君之大義也。」

內篇雜上第十八章：「道義不苟合。」

內篇雜下第十四章：「凡有血氣者，皆有爭心，怨利生孽，維義可以長存。」

如論人：

內篇諫下第十四章：「古者嘗有處橧巢窟穴而王天下者，其政而不惡，予而不取，天下不朝其室，而共歸其仁。」

內篇問下第十一章：「晏子仁人也，哭亡者，安危國，而不私利焉，僇崔杼之尸，滅賊亂之徒而不獲名焉，使齊外無諸侯之憂，內無國家之患，不伐功焉，鍖然不滿，退託于族，晏子可謂仁人矣。」

內篇雜上第九章：「君探雀鷇，鷇弱反之，是長幼也，吾君仁愛，曾禽獸之加焉，況于人乎，此聖王之道乎，」

內篇雜下第十八章：「夫厚取之君而施之民，是臣代君君民也，忠臣不為也。厚取之君而不施于民，是為筐篋之藏也，仁人不為也。進取于君，退得罪于士，身死而財遷于它人，是為宰藏也，智者不為也。」

以禮統攝諸德，與天地並。（見晏子春秋外篇上第十五章。）

晏子春秋內篇諫上第一章：「輕死以行禮謂之勇。……故勇力之立也。以行其禮義也、湯武用兵而不為逆，並國而不為貪，仁義之理也，誅暴而不避強，替罪不避眾，勇力之行也，古之為勇力者，行禮義也。」

君子無禮，是庶人也，庶人無禮，是禽獸也。（見晏子春秋內篇諫下第二十五章。）麋鹿維無禮，故父子同麀，因而人之所以貴于禽獸者，以有禮也。（晏子春秋內篇外上第一章。）夫禮者，所以御民也，轡者，所以御馬也，無禮不能治國家。景公飲酒，命晏子去禮，晏子曰：「嬰聞之，人君無禮，無以臨邦，大夫無禮，官吏不恭，父子無禮，其家必凶，兄弟無禮，不能久同。」（見晏子春秋外篇第一章。）此禮為民紀，紀亂民失者也。君令臣忠，父慈子孝，兄愛弟敬，夫和妻柔，姑慈婦聽，此禮之經也，君令而不違，臣忠而不逆，父慈而教，子孝而箴，兄愛而友，弟敬而順，妻柔而貞，姑慈而從，婦聽而婉，此禮之質也。（見晏子春秋外篇上第十七章。）晏子言禮，有經有質，體用兼備，蓋有徵乎天道之大變，定以爲人倫之典謨，經國之矩矱也。

更生案：春秋尚禮，以晏子春秋與春秋左氏傳所載言禮各文相較，則以禮為一切行為之準則，似為彼時所特有：如：

左傳隱公十一年：「禮，經國家定社稷，序民人，別後嗣者也。」

左傳莊公二十三年：「夫禮所以整民也。」

左傳僖公十一年：「禮，國之幹也。」

左傳襄公二十六年：「古之治民者，勸賞而畏刑，恤民不倦……三者禮之大節也，有禮無敗。」

左傳昭公二十五年：「禮，上下之紀，天地之經緯也，民之所以生也。」

晏子善於交友。

論語公冶長：子曰：「晏平仲善於人交，久而敬之。」

常虛懷以待賢士。

晏子春秋內篇雜上第二十六章：燕之游士，有泯子午者，南見晏子于齊，言有文章，術有條理，巨可以補國，細可以益晏子者，三百篇。睹晏子恐懼而不能言，晏子假之以悲色，開之以禮顏，然後能盡其復也。客退，晏子直席而坐，廢朝移時。在側者曰：「嚮者燕客侍，夫子胡為憂也，晏子曰：「燕，萬乘之國也，齊，千里之塗也，泯子午以萬乘之國為不足說，以千里之塗為不足遠，則是千萬人之上也。且猶不能殫其言于我，況乎齊人之懷善而死者乎！吾所以不得睹者，豈不多矣，然吾失此，何功之有也。」

濟困厄不遺餘力，爲善不驕，而反詘下之。

晏子春秋內篇雜上第二十四章：晏子之晉，至中年，睹弊冠，反裘負芻，息于塗側者，以為君子也。使人問焉。「子何為者？」對曰：「我越石父也。」晏子曰：「何為至此？」曰「吾為人臣僕於中年，見使將歸。」晏子曰：「何為為僕？」對曰：「不免凍餓之切我身，是以為僕也。」晏子曰：「為僕幾何？」對曰：「三年矣！」晏子曰：「可得贖乎？」對曰：「可，」送解左驂以贖之，因載而與之俱歸，至舍，不辭而入，越石父怒而請絕，晏子使人應之曰：「吾未嘗得交夫子也，子為僕三年，吾迺今日睹而贖之，吾于子尚未可乎？子何絕我之暴也。」越石父對曰：「臣聞之，士者詘乎不知己，而申乎知己，故君子不以功輕人之身，不以彼功詘身之理，吾三年為人臣僕，而莫吾知也，今子贖我，吾以子為知我矣。嚮者子乘，不我辭也，吾以子為忘，今又不辭而入，是以臣僕我者同矣。我猶且為臣，請鬻于世。」晏子出，請見，曰：「嚮者見客之容，而今也見客之意。嬰聞之，省行者不引其過，察實者不譏其辭，嬰可以辭而無棄乎？嬰誠革之。」迺令糞洒改席，尊醮而禮之。」越石父曰：「吾聞之，至恭不修塗，尊禮不受擯，夫子禮之，僕不敢也。」晏子遂以為上客。

晏子之御，感妻言而自抑損，晏子薦以爲大夫；（見晏子春秋內篇雜上第二十五章。）北郭騷感晏子之義，殺身以明其賢。（見同篇第三十七章）若夫高糾治其家，三年不弼過而逐之。晏子曰：「方立之人，維聖人而已，……不擧四維，四維將不正，今子事吾三年，未嘗弼吾過也，是以辭之。」（見晏子春秋外上七第二十三章）其交友可謂「諭信行義，不爲苟戚；不同則疏而不誹」矣。（見問下第十九章。）至於處卑而不貪乎尊，辭實而不貪乎多，行廉不爲苟得，道義不爲苟合，不盡人之歡，不竭人之忠，尤爲晏子全交之道也。（見雜上第十八章）

第五節　政　治

晏子依先王先君之舊制，

吏生曰：晏子祖述先王先君，以述為作，故觀全書，其言稱先王先君者甚夥，如「湯武用兵而不為逆。」「昔夏之衰也」「桀紂以滅，殷夏以興。」（內篇諫上第一章）「先王之立愛，以勸善也。」「昔三代之興也。」「君王不度聖王之興。」（諫上第七章）「昔先君桓公之地狹于今。」（諫上第九章）「昔吾先君桓公，以管子為有力。」（第十二章）「古之王者，德厚足以安世。」（第十四章）「昔先君桓公，方任賢而贊德之時。」第十六章）「古之賢君，飽而知人之饑。」（第二十章）「古時堯、舜支解人從何軀始。」（第二十五章）「雖禹而不能禁人之觀。」（內篇諫下第一章）「文王不敢盤遊于田。」（第八章）「伯禽之治存焉。」（內篇問上第三章）「昔先君桓公身體惰懈。」（第六章）「昔先君桓公，有管仲夷吾保乂齊國。」（第七章）「古者先君之干福也。」（第十章）「昔三代之興也，謀必度于義。」（第十二章）「古者文王修德不以要利。」（第二十三章）「寡人何修則夫先王之游。」「古者聖王無流連之樂。」（內篇問下第一章）「昔吾先君桓公變俗以政。」（第二章）「昔吾先君桓公，從車三百乘。」（第三章）「聖王見賢以樂賢，見不肖以哀不肖。」（內篇雜上第八章）「其當聖王之道也。」（第九章）「先君太公以營丘之封立城。」（內篇雜下第五章）「昔吾先君桓公以書社五百封管仲。」（第十八章）「昔吾先君太公受之營丘。」（第十九章）「先王之齊五味和五聲也」（外篇上七第五章）「先聖之治也，審見賓客。……」（第十四章）「夫禮，先王之所以臨天下也。」（第十五章）以上所錄，言「先君桓公者尤多」，孟子公孫丑章有云：「子誠齊人也，知管仲晏子而已矣。」

因時政之得失，崇四維之彝訓，

晏子春秋外篇第七第二十三章：晏子使高糾治家，三年而未弼過，晏子曰：「若夫方立之人，維聖人而已，如嬰者，仄陋之人也，若夫左嬰右嬰之人，，不舉四維，四維將不正，今此子事吾三年，未嘗弼吾過也，吾是以辭之。」

更生案：管子牧民篇曰：「守國之度，在飾四維，四維不張，國乃滅亡。何謂四維，一曰禮，二曰義，三曰廉，四曰恥。」

明隨時之大義，

晏子春秋內篇問下第十九章：叔向問正士邪人之行如何？晏子曰：「……及夫大賢，則徒處與有事，無擇也，隨時宜者也。」

更生案：隨時之義，見於易經，隨卦彖曰：「隨，剛來而下柔，動而說，隨，大亨貞无咎，而天下隨時，隨時之義大矣哉。」坎卦彖曰：「險之時用大矣哉。」遯卦彖曰：「遯之時義大矣哉。」睽卦彖曰睽之時用大矣哉。」蹇卦彖曰：「蹇之時用大矣哉。」解卦彖曰：「解之時大矣哉。」損卦彖曰「損益盈虛，與時偕行。」益卦彖曰：「凡益之道，與時偕行。」姤卦彖曰：「姤之時義大矣哉。」革卦彖曰：「革之時大矣哉。」旅卦彖曰：「旅之時義大矣哉。」天地之道，廣大悉備，人事之理，無微不至，而易之為道也屢遷，變動不居，周流大虛，上下无常，剛柔相易，不可為典要，唯變所適，周易程傳曰：「凡人君之從善，臣下之奉命，學者之從義，臨事而從長，皆隨也。隨得其正，然後能大亨而无咎，失其正則有咎矣。」故晏子擷隨時之義，以確立其隨時變易之政治觀。

而以為張公室，抑權門，乃當急之務；嚴刑賞，任賢能，納雅言，為君人之方；興禮樂，子庶民，薄稅斂，乃施為之手段；貴戚薦善，逼邇引過，知慮安國，譽厚導民，和柔懷衆，進不失廉，退不失行，為忠臣之大節。故晏子以良輔之材，事靈、莊、景三頑君，終其身，使齊外無諸侯之憂，內無國家之患，

「管仲以其君霸，晏子以其君顯。」（孟子公孫丑章章句上）晏子功蓋當世，學貫古今，仲尼願兄事，史遷欲執鞭，其特立獨行者可知矣，是以裒次其政治思想如次：

一曰，尚賢

言君國者須以身作則，謙沖以待賢士，廉能以爲民法。而修身下士之要，首在法先王先君之善行，所謂度聖王之興，觀惰君之衰，親賢遠佞，以正社稷安宗廟也。

晏子春秋內篇諫上第一章：「湯武用兵而不為逆，並國而不為貪，仁義之理也。……昔夏之衰也，有推侈、大戲，殷之衰也，有費仲、惡來，足走千里，手裂兕虎，任之以力，凌轢天下，威戮無罪，崇尚勇力，不顧義理，是以桀紂以滅，殷夏以衰，今公自奮乎勇力，不顧乎行義，……反聖王之德，而循滅君之行，用此存者，嬰未聞也。」內篇諫上第七章：公謂晏子曰：「寡人聞君國者，愛人則能利之，惡人則能疏之，今寡人愛人不能利，惡人不能疏，失君道矣。」晏子曰：「嬰聞之，君正臣從謂之順，君僻臣從謂之逆，今君賞讒諛之臣，而令吏必從，則是使君失其道，臣失其守也，先王之立愛以勸善也，其立惡以禁暴也，昔者三代之興也，利于國者愛之，害于國者惡之，故明所愛而賢良衆，明所惡而邪僻滅，是以天下治平，百姓和集。……君上不度聖王之興，而下不觀惰君之衰，臣懼逆政之行，有司不敢爭，以覆社稷危宗廟……」第九章：昔者先君桓公之地狹于今，修法治，廣政教，以霸諸侯，今君一諸侯無能親也，歲凶年饑，道途死者相望也，君不此憂，而惟圖耳目之樂，不修先君之功烈，而惟飾駕御之伎，則公不顧民而忘國甚矣。」

第十四章：古之王君德厚足以安世，行廣足以容衆，……然後為帝王之君，神明之主，……今政亂而行僻，……君之帝王，不亦難乎！」

內篇諫下第七：昔楚靈王作頃宮，三年未息也，又為章華之臺，五年又不息也；乾溪之役，八年，百姓之力不足而息也，靈王死于乾溪，而民不與歸，今君不遵明王之義，而循靈王之迹，嬰懼君有暴民之行，而不睹長庲之樂也。」

第八章：「昔文王不敢盤遊于田，故國昌而民安，楚靈王不廢乾溪之役，起章華之臺，而民叛之，今君不革，將危社稷而為諸侯笑。」

第十四章：「今君欲法聖王之服室，不法其制，……今君窮臺榭之高，務刻鏤文章之觀而不厭，則亦與民為讎矣。」

第十八章：「夏之衰也，其王桀背棄德行，作為璿室玉門，殷之衰也，其王紂作為傾宮靈臺……今君高亦有罪，卑亦有罪，甚于夏殷之王，民力殫乏矣。」

內篇問上第六章：先君桓公身體惰懈，辭令不給，則隰明暱侍……則弦甯暱侍……則甯戚暱侍……則王子成甫暱侍……則東郭牙暱侍……則管子暱侍，先君能以人之長續其短，以人之厚補其薄……今君之過失多矣，未有一士以聞者也。」

第七章：「先君桓公能任用賢……今君欲彰先君之功烈……則無以多辟傷百姓，無以私欲怨諸侯，……今君疏遠賢人……而積怨于百姓……惡能彰先君之功烈，而繼管子之業乎。」第二十三章：「古君文王修德不要以利，滅暴不以順紂，于崇侯之暴，而禮梅伯之醢，……故君民而不危，用國而不弱也。」內篇問下第二章：「桓公變俗以政，下賢以身，……先君見賢不留，使能不怠，是以內政則民懷之，征伐則諸侯畏之，今君聞先君之過，而不能明其大節。……」第四章：「昔先君桓公，從車三百乘，九合諸侯，一匡天下，……今吾君左為倡，右為優，讒人在前，諛人在後，又焉可逮景公之後乎。」第十七章：「文王慈惠殷衆，收邮無主，是故天下歸之，……今公室驕暴，而田氏慈惠，民愛之如父母，而歸之如流水。」外篇上第十五章：「夫禮先王之所以臨天下也，以為其民，是故尚之。」

次在任賢。（晏子春秋內篇問上第十三章：「景公問善為國家者何如？晏子對曰：舉賢以臨國，官能以敎民，則其道也。舉賢官能，則民與君矣。」）任賢之道有三：一曰賢而須知，二曰知而能用，三曰用而信任。否則，國之不祥莫大焉。

晏子春秋內篇諫上第十章：「景公獵逢蛇虎，以為不祥，晏子對曰：「國有三不祥，是不與焉：夫有賢而不知，一不祥；知而不用，二不祥；用而不任，三不祥也。所謂不祥者乃若此，今上山見虎，虎之室也，下澤見蛇，蛇之穴也，如虎之室如蛇之穴而見之，曷為不祥也。」

其言得賢之道也；以爲「擧之以語，考之以事，能諭則尙而親之，近而勿辱，以此取人，則爲賢之道也。是以明君居上，寡其官而多其行，拙于文而工于事，言不中不言，行不法不爲也。」（見晏子春秋內篇問上第二十七章。）然士有三等，非有觀人之法，何以洞微顯幽，如見肺肝乎？故晏子答景公求賢曰：「觀之以其游，說之以其行，無以靡曼辯辭定其行，無以毀譽非議定其身，如此則不爲行以揚聲，不掩欲以榮君，通則視其所擧，窮則視其所不爲，富則視其所分，貧則視其所不取。」（見晏子春秋內篇問上第十三章。）然後三等之士有所勸，潔身之民得所求也。

更生案：「三士者：上士、難進而易退也，其次，易進而易退也，其下，易進而難退也。」（見晏子春秋內篇問上第十三章。）

至於偷身徒處，有智不足以補君，有能不足以勞民，飾徒處之義，揚輕上之名，乃國之亂賊。（見晏子春秋內篇問下第二十章。）誠以賢而退隱，無異庸衆，故晏子言求賢得賢之道，首重賢爲世用。

其言用賢也，在於具官。有具官，然後其政可善。晏子曰：「昔吾先君桓公身體惰懈，辭令不給，則隰明暱侍；左右多過，獄讞不中，則弦甯暱侍；田野不修，民氓不安，則甯戚暱侍；軍吏怠，戎士偷，則王子成甫暱侍；居處佚怠，左右懾畏，繁乎樂，省乎治，則東郭牙暱侍；德義不中，信行衰微，則管子暱侍。先君能以人之長續其短，以人之厚補其薄，是以辭令窮遠而不逆，兵加于有罪而不頓，是故諸侯朝其德，而天子致其胙。今君之過失多矣，未有一士以聞者也，故曰，官未具。」（見晏子春秋內篇問上第六章。）有具官而後有世臣。有世臣而後貴戚相薦善，逼邇得引過，如此勇於行義，求善若渴，則威當世服天下者可期矣。

其言任賢之道，在以人之長續其短，取其厚而補其薄。（引見前）故曰「地不同生，而任之以一種，責其俱生不可得。人不同能，而任之以一事，不可責偏成。責焉無已，智者有不能給；求焉無饜，天地有不同能贍也。故明王之任人，諂諛不邇乎左右，阿黨不治乎本朝。任人之長，不彊其短；任人之工，不彊其拙。」（見晏子春秋內篇問上第二十四章。）然國君任賢，將使卑踰尊，疏踰戚，可不愼與！因而晏子勸公去佞人讒夫，以清君側，然後善進，而不善無由入矣。但佞人讒夫如社鼠猛狗，內則蔽善惡于君上，外則賣權重於百姓。故其答景公治國何患曰：「『患夫社鼠。』公曰：『何謂也？』對曰：『夫社束木而塗之，鼠因往託焉。熏之則恐燒其木，灌之則恐敗其塗，此鼠所以不可得殺者，以社故也。夫國亦有社鼠，人主左右是也。內則蔽善惡于君上，外則賣權重於百姓，不誅之則爲亂，誅之則爲人主所案據腹而有之，此亦國之社鼠也。宋人有酤酒者，爲器甚潔清，置表甚長，而酒酸不售，問之里人其故，里人曰：「公之狗猛，人挈器而入，且酤公酒，狗迎噬之，此酒所以酸而不售也。」夫國亦有猛狗，用事者是也。有道術之士，欲干萬乘之主，而用事者迎而齕之，此亦國之猛狗也。左右爲社鼠，用事者爲猛狗，主安得無壅，國安得無患乎！』」（見晏子春秋內篇問上第九章。）然則合升鼓之微，以滿倉廩，結疏縷之絲，以成幃幕，太山之高，非一石也，累卑然後高，治天下，非用一士之言也，須從善若流，故晏子諫景公居朝曰：「居朝嚴則下無言，下無言則上無聞；下無言，則吾謂之瘖，上無聞，則吾謂之聾；聾瘖，非害治國家如何也！」（見晏子春秋內篇諫下第十七章。）又曰：「下無直言，上有隱惡，民多諱言，君有驕行。古者明君在上，下多直辭，君上好善，民無諱言。」（見晏子春秋內篇雜上第十一章。）此晏子之尚賢主義，由法先王之善行，進而虛己待人，以禮天下士，至於下賢以身之道，首在淸佞人讒夫於君側，次當擷衆長而廣開言路。

另以臨國蒞民之患有三：忠臣不信，一患也；信臣不忠，二患也；君臣異心，三患也。（參見晏子春秋內篇問上第二十九章。）因而晏子於言政尚賢之外，尤主君臣砥礪，互相調劑，以保持協和狀態，避免苟同之思想，所謂異中求同，同中見異，相反相成，共策治理。

晏子春秋外篇上第五章：景公至自畋，晏子侍於遄臺，梁丘據造焉。公曰：維據與我和夫？」晏子對曰：「據亦同也，焉得為和？」公曰：「和與同異乎？」對曰：「異！和如羹焉，水火醯醢，鹽、梅、以烹魚肉，燀之以薪，宰夫和之，齊之以味，濟其不及，以洩其過，君子食之，以平其心。君臣亦然！君所謂可，而有否焉。臣獻其否，以成其可，君所謂否，而有可焉，臣獻其可，以去其否，是以政平而不干，民無爭心。故詩曰：『亦有和羹，旣戒且平，鬷嘏無言，時靡有爭。』先王之濟五味，和五聲也，以平其心，成其政也，聲亦如味，一氣、二體、三類、四物、五聲、六律、七音、八風、九歌，以相成也。淸濁、小大、短長、疾徐、哀樂、剛柔、遲速、高下、出入、周疏、以相濟也。君子聽之以平其心，心平德和。故詩曰：『德音不瑕。』今據不然，君所謂可，據亦曰可，君所謂否，據亦曰否，若以水濟水，誰能食之，若琴瑟之專一，誰能聽之，同之不可也，如是。」

更生案：春秋之世，言君臣和同之治者，尚有鄭桓公時之史伯，國語鄭語史伯曰「……今王……去和而取同，夫和實生物，同則不繼，以它平它謂之和，故能豐長而物生之，若以同裨同，盡乃棄矣。故先王以土與金木水火，雜以成物，是以和五味以調口，剛四支以衛體，和六律以聰耳，正七體以役心，平八索以成人，建九紀以立純德，合十數以訓百體，出千品，具萬方，計億事，材兆物，收經入，行姟極。故王者居九畡之田，收經入以食兆民，周訓而能用之，龢樂如一，夫如是，龢之至也。於是乎先王聘后於異姓，求財於有方，擇臣取諫工，而講以多物，務和同也。聲一無聽，物一無文，味一無果。……」會其大旨，與晏子之說合。

二曰，民本：

民本乃晏子政治思想之特色，綜觀全書，言之及乎此者如：

晏子春秋內篇問上第十章：「政必合乎民，行必順乎神。……今政反乎民，而行悖乎神。」

內篇問上第十二章：「謀度于義者必得，事因于民者必成。……謀于上不違天，謀于下不違民，以此謀必得矣。事大則利厚，事小則利薄，稱事之大小，權利之輕重，國有義勞，民有加利，以此舉事者必成矣。夫逃義而謀，雖成不安，傲民舉事，雖成不榮，故臣聞，義，謀事之法也；民，事之本也。故反義而謀，倍民而動，未聞存者也。」

內篇問上第二十五章：「國貧而好大，智薄而好專，貴賤無親焉，大臣無禮焉。尚讒諛而賤賢人，樂簡慢而玩百姓，國無常法，民無經紀，好辯以為智，刻民以為忠，流緬而忘國。……好兵而忘民。……德不足以懷人，政不足以惠民。……此亡國之行也，今民聞公令如寇讎，此古之離散其民，損失其國者之常行也。」

內篇問下第二十一章：「卑不失尊，曲不失正者，以民為本也。苟持民矣，安有遺道，苟遺民矣，安有正行焉。」

第二十二章：「意莫高于愛民，行莫厚于樂民。」

內篇雜上第十四章：夫樂者上下同之，故天子與天下，諸侯與境內，大夫以下，各與其僚，無有獨樂。」

民爲邦本，則國君發政施仁，首在「推盛德而公布天下，明所愛以廣施百姓。」故晏子諫景公衣白狐裘不知天寒之言曰：「古之賢君飽而知人之饑，溫而知人之勞，今君不知也。」（見晏子春秋內篇諫上第二十章。）其發君主之省深，啓推恩之良知者，至爲明顯。景公所愛馬死，欲誅圉人，晏子諫曰：「古時堯、舜支解人，從何軀始？」公瞿然曰：「從寡人始。」遂不支解。此以堯舜之盛德，激越其是非之心也。（見晏子春秋內篇諫上第二十五章。）又景公欲以人禮葬走狗，晏子諫曰：「夫厚藉斂不以反民，棄貨財而笑左右，傲細民之憂，而崇左右之笑，則國亦無望已。且夫孤老凍餒而死，狗有祭，鰥寡不恤而死，狗有棺，行辟若此，百姓聞之，必怨吾君，諸侯聞之，必輕吾國，怨積乎百姓，而權輕于諸侯，而乃以爲細物，君其圖之。」（見晏子春秋內篇諫下第二十三章。）又景公探雀鷇，鷇弱，反之。晏子賀曰：「吾君有君王之道矣。……君探雀鷇，鷇弱，反之。是長幼也，吾君仁愛，曾禽獸之加焉，而況于人乎?此聖王之道也。」(見晏子春秋內篇雜上第九章。)此導其由推恩以及禽獸,而功普及於百姓也。(晏子春秋內篇雜上第八章:景公遊于壽宮,睹長年負薪者而有饑色,公悲之,喟然嘆曰:「令吏養之。」晏子曰:「臣聞之,樂賢而哀不肖,守國之本也。今君愛老而恩無不逮,治國之本也。」公笑有喜色。晏子曰:「聖王見賢以樂賢,見不肖以哀不肖,今請老弱之不養,鰥寡之無室者,論而共秩焉。」外篇七第八章:「君如察臣嬰之言,推君之盛德,公布之于天下,則湯武可為也。」)故「推恩」為晏子實踐民本思想之發端。

次在「戒貪欲」。因君得合而欲多,養欲而意驕;得合而欲多者危,養欲而意驕者困。(見晏子春秋內篇問上第二章)且上多欲而勤聚斂,下多欲而傷廉潔,見利勇為,上下交征,君為刀俎,民為魚肉,上淫湎失本而不卹,民饑餓窮約而無告,反湯、武之德,循桀、紂之行,失所以為國矣。故晏子之民本思想之實踐也,在戒貪欲以約己,薄稅斂以厚人。景公藉重獄多,晏子諫其平反之道,莫要於寡欲,而寡欲在去外誘之私,曰:「今夫胡狢戎狄之蓄狗也,多者十有餘,寡者五六,然不相害傷;今束鷄豚妄投之,其折骨決皮,可立見也。且夫上正其治,下審其論,則貴賤不相踰越,今君舉千鍾爵祿,而妄投之于左右,左右爭之,甚于胡狗,而公不知也。寸之管無當,天下不能足之以粟,今齊國丈夫耕,女子織,夜以接日,不足以奉上,而君側皆彫文刻鏤之觀,此無當之管也,而君不知。五尺童子,操寸之熛,天下不能足之以薪,今君之左右,皆操熛之徒,而君終不知。鐘鼓成肆,干戚成舞,雖禹不能禁民之觀,且夫飾民之欲,而嚴其聽,禁其心,聖人之所難也,而況奪其財而饑之,勞其力而疲之,常致其苦，而嚴聽其獄，痛誅其罪，非嬰所知也。」（見晏子春秋內篇諫下第一章）至於晏子拒受慶氏之邑，而以為「慶氏之邑，足欲，故亡。吾邑不足欲也，益之以邶殿，迺足欲，足欲，亡無日矣。……不受邶殿，非惡富也，恐失富也。且夫富如布帛之有幅焉，為之制度，使無遷也。夫民生厚而用利，于是乎正德以幅之，使無黜慢，謂之幅利，利過則為敗，吾不敢貪多，所謂幅也。」（見晏子春秋內篇雜下第十五章。）凡有血氣者皆有爭心，怨利生孽，維義為可以長存，且分爭者，不勝其禍，辭讓者，不失其福，因其深體「足欲則亡」之道，故勉人君先民後身，先思後得，「民為邦本，本固邦寧。」此之謂也。「先王之立愛，以勸善也；其立惡，以禁暴也。昔者三代之興也，利于國者愛之，害于國者惡之，故明所愛而賢良衆，明所惡而邪僻滅，是以天下治平，百姓和集；及其衰也，行安簡易，身安逸樂，順于已者愛之，逆于己者惡之，故明所愛而邪僻繁，明所惡而賢良滅，離散百姓，危覆社稷。」（見晏子春秋內篇諫上第七章。）夫百姓所以離散，社稷所以危覆者，在於刑賞不中，則民無所措手足，故民本思想之實踐也，又次在「嚴刑賞。」況當景公之世「百姓凍寒不得短褐，饑餓不得糟糠，敝撤無走，四顧無告，而君不卹；日夜飲酒，令國致樂不已，馬食府粟，狗饜芻豢，三保之妾，俱足粱肉，厚於狗馬，而薄於民氓，（見晏子春秋內篇諫上第五章。）其臨民若寇讎，見善若避熱，肆欲於氓，而虐誅於下，危國害民，孰有大於此者乎。

晏子春秋內篇諫上第七章：「景公燕賞於國內，萬鍾者三，千鍾者五，令三出，而職計莫之從，公怒，令免職計，令三出，而士師莫之從，公不說，晏子見，公謂晏子曰：『寡人聞君國者，愛人則能利之，惡人則能疏之。今寡人愛人不能利，惡人不能疏，失君道矣。』晏子曰『嬰聞之，君正臣從謂之順，君僻臣從謂之逆，今君賞讒諛之臣，而令吏必從，則是使君失其道，臣失其守也。』」第八章：「景公信用讒佞，賞無功，罰不辜。」第九章：「公不樂治人，而樂治馬，不厚祿賢人，而厚祿御夫。」第二十五章：「景公使圉人養所愛馬，暴病死，公怒，令人操刀，解養馬者。」內篇諫下第四章：「景公令兵摶治，當臘，冰月之間而寒，民多凍餒，公怒曰：『為我殺兵二人。』」

問上第七章：「今君臣交惡，而政刑無常。」

問下第十七章「……公積朽蠹，而老少凍賤，國之都市，屨賤而踊貴，民人痛疾，或燠休之。昔者殷人誅殺不當，僇民無時，文王慈惠殷衆，收卹無主……今公室驕暴，而田氏慈惠。」

雜下第二十一章：「公方繁刑，有鬻踊者，故對曰：踊貴而屨賤，公愀然改容，為是省于刑。」

外上第九章：「景公登菁室而望，見人有斷雍門之橚者，公令吏拘之。

是以晏子諫景公賢君治國之道曰：「其政任賢，其行愛民，其取下節，其自養儉，在上不犯下，在治不傲窮，從邪害民者有罪，進善擧過者有賞。其政刻上而饒下，赦過而救窮，不因喜以加賞，不因怒以加罰。……」（見晏子春秋內篇問上第十七章）如此上有禮于士，下有恩于民。百姓內安其政，外歸其義，則國可以長治久安矣。故刑賞嚴明，而無寃聚之獄，上下和樂，民適其所。

如政不卹民，上有驕暴，是桀、紂之君，君如桀、紂。則爲衆叛親離之獨夫，人人得而誅之。故景公怒封人之祝不遜，以爲「誠有民得罪于君則可，安有君得罪于民者乎？」晏子諫曰：「君過矣，彼疏者有罪，戚者治之，賤者有罪，貴者治之，君得罪于民，誰將治之？敢問桀、紂，君誅乎？民誅乎？」（見晏子春秋內篇諫上第十三章）度其文義，類乎孟子「暴君放伐」之論，而晏子民本之說，復蘊有「湯武革命，順天應人」之思想矣。

更生案：孟子梁惠王章句上：「齊宣王問曰：『湯放桀，武王伐紂，有諸？』孟子對曰：『於傳有之。』曰：『臣弑其君可乎？』曰：『賊仁者，謂之賊，賊義者，謂之殘，殘賊之人，謂之一夫，聞誅一夫紂矣，未聞弑君也。』」又「齊宣王問曰：『齊桓、晉文之事，可得聞乎！』孟子對曰：『仲尼之徒，無道桓、文之事者，是以後世無傳焉；臣未之聞也。』」又孟子盡心篇：「孟子曰：『民為貴，社稷次之，君為輕。』」其薄桓文而尊王道，斥獨夫而言民貴，較晏子民本主義之為說，尤見精審。

三曰，正名：

論語載齊景公問政於孔子，孔子對曰：「君君臣臣，父父子子。」公曰：「善哉！信如君不君，臣不臣，父不父，子不子，雖有粟，吾得而食諸？」（見顏淵篇）又子路問孔子：「衞君待子而爲政，子將奚先？」曰：「必也正名乎！」（見子路篇）以「正名」爲政治思想之根本原則者，誠乃夫子所首創。然揆諸晏子文辭，固無「正名」之號，而脗合「正名」之思想頗多，諸如：

晏子春秋內篇問下第二十六章：「事親孝，無悔往行，事君忠，無悔往辭，和于兄弟，信于朋友，不諂過，不責得，言不相坐，行不相反，在上治民，足以尊君，在下涖修，足以變人，身無所咎，行無所創，可謂榮矣。」

外篇七第一章：「上若無禮，無以使其下，下若無禮，無以事其上。……人君無禮，無以臨邦，大夫無禮，官吏不恭，父子無禮，其家必凶，兄弟無禮，不能久同。」

外篇七第十五章：「君令臣忠，父慈子孝，兄愛弟敬，夫和妻柔，姑慈婦聽。……君令而不違，臣忠而不二，父慈而教，子孝而箴，兄愛而友、弟敬而順，夫和而義，妻柔而貞，姑慈而從，婦聽而婉……」

諫下第一章：「上正其治，下審其論，則貴賤不相踰越。」

問上第十七章：「上無私義，下無竊權，上無朽蠹之藏，下無凍餒之民。」

問下第八章：「上有禮於士，下有思於民。」

雜上第十三章：「別上下之義，使當其理。」

諫下第二十二章：「臣專其君謂之不忠，子專其父謂之不孝，妻專其夫謂之嫉妬，事君之道，導君以親于父兄，有禮于羣臣，有惠于百姓，有信于諸侯，謂之忠。為子之道；導親以鍾愛其兄弟，施行於諸父，慈惠于衆子，誠信于朋友，謂之孝。為妻之道；使其衆妾皆得歡忻于其夫，謂之不嫉。」

其所謂君令、臣忠、父慈、子孝、兄愛、弟敬、夫和、妻柔、姑慈、婦聽，在使君、臣、父、子、兄、弟、夫、妻、各當其名，皆盡其分，名實相符，職分不踰；由「盡已」以「推已」，內修外治，由親及疏，則無人不具有完美之人格，社會秩序豈有不諧和，天下豈有不大定哉？夫天下之亂，由於名分之混淆，君不令，臣不忠，父不慈，子不孝，兄不愛，弟不敬。……上則廢失，下則僭越，顚倒乖違，彝倫盡墮。故晏子目睹公室驕暴，而田氏慈惠，臣富主亡，諫於景公曰：「……齊國，田氏之國也。嬰老，不能待公之事。公若卽世，政不在公室。」（見外篇七第十五章。）公室弱而私門强，士濫官諂，國將不國者，皆名不正而分不守害之也。故晏子以爲「君彊臣弱，政之本也。君唱臣和，教之隆也。刑罰在君，民之紀也。」（見晏子春秋外篇七第十五章）君乃仁德之象徵，萬民所共仰，於事必須躬行實踐，爲人倫之表率，如此上行下孝，名正言順者，方有可期。其諫靈公禁婦人爲丈夫飾不止之言曰：「君使服之於內，而禁之於外，猶懸牛首于門，而賣馬肉於內也。公何以不使內勿服，則外莫敢爲也。」（晏子春秋內篇雜下第一章。）又齊人好轂擊，相犯以爲樂，禁之不止，晏子曰：「轂擊者不祥，臣其祭祀不順，居處不敬乎？」下車棄而去之，然後國人乃不爲。故曰：「禁之以制，而身不先行，民不能止，故化其心，莫若教也。」（見晏子春秋內篇雜下第二章。）「以身教則從，以言教則訟。」（見後漢書卷七十一第五倫傳）此正名之道也。

第六節　理　財

晏子居處節儉。

晏子春秋內篇雜下第十七章：晏子相齊三年，政平民説，梁丘據見晏子中食而肉不足，以告景公，旦日，封晏子以都昌，晏子辭不受，曰：「富而不驕者，未嘗聞之，貧而不恨者，嬰是也，所以貧而不恨者，以若為師也。

同篇第十八章：晏子方食，景公使使者至，分食食之，使者不飽，晏子亦不飽，使者反，言之公，公曰：「嘻！晏子之家，若是其貧也。」……使吏致千金與市租，請以奉賓客，晏子辭曰：「嬰之家不貧也。……夫厚取之君，而施之民，是臣代君君民也，忠臣不為也，厚取之君而不施之民，是為筐篋之藏也，仁人不為也。進取于君，退得罪于士，身死而財遷于它人，是為宰藏也，智者不為也，夫十總之布，一豆之食，足以中免矣。」

同篇第十九章：「晏子相齊，衣十升之布，食脫粟之食，五卵，苔菜而已。」

同篇第二十一章：景公欲更晏子宅，曰：「子之宅近市，湫隘囂塵，不可以居，請更諸爽塏者。」晏子辭曰：「君之先臣容焉，臣不足以嗣之，於臣侈矣。……」

同篇第二十五章：晏子朝，乘弊車，駕駑馬，景公見之曰：「嘻！天子之祿寡耶？何乘不佼之甚也。」晏子對曰：「……臣節其衣服飲食之養，以先齊國之民，然猶恐其侈靡而不顧其行也。……」

同篇第二十六章：晏子相景公，食脫粟之食，炙三弋，五卵，苔菜而已。」

重變古常。（晏子春秋內篇雜上第七章：晏子曰：「……古者不為，殆有為也……夫古之重變古常，此之謂也。」）疾君上侈靡之行，（晏子春秋內篇問下第一章：「今君……貧者不補，勞者不息，從下歷時而不反謂之流，從高歷時而不反謂之連，從獸而不歸謂之荒，從樂而不歸謂之亡。」）哀民氓離散之苦，（晏子春秋內篇諫上第五章：百姓老弱，凍寒不得短褐，饑餓不得糟糠，敝撤無走，四顧無告，而君不恤。」）故其理財之道：一曰藏富於民，二曰謹身節用。

藏富於民者，在薄稅斂而廣蓄積，守民財無虧之以利。

晏子春秋內篇諫下第七章：「君屈民財者不得其利，窮民力者不得其樂。……今君不遵明王之義，而循靈王之迹，嬰懼君有暴民之行，而不睹長庲之樂也。」

第十一章：「斂民之哀而以為樂，不祥。」

內篇問上第十章：「政必合乎民，行必順乎神，節宮室，不敢大斬伐以無偪山林，節飲食無多畋漁，以無偪川澤。……」

第十七章：「上無朽蠹之藏，下無凍餒之民。」

第十八章：「所禁于民者，不行于身，守于民財，無虧之以利。」

第二十二章：「藉斂合乎民，百姓樂其政。」

第二十六章：「儉于藉斂，節于貨財……關市省征，山林陂澤不專其利。」

內篇問下第一章：「春省耕而補不足，秋省實而助不給。」

第七章：「節欲則民富。」

謹身節用者，在約于身而厚於民，稱財多寡以爲制。

晏子春秋内篇問下第二十三章：「稱財多寡而節用之，富無金藏，貧不假貸。」

雜下第二十章：「節受于上者，寵長于君，儉處于下者，名廣于世。」

第二十五章：君使臣莅百官之吏，臣節其衣服飲食之養，以先齊國之民，然猶恐其侈靡而不顧其行也。」

外篇七第八章：「君營内好私，使財貨偏有所聚，菽粟幣帛，腐于囷府，惠不徧于百姓，則桀紂之所以亡也。……」

如此民生厚而用利，（晏子春秋内篇雜下第十五章）食蓄期年，氓無委積，則老弱有養，鰥寡有室，而天下治平矣。

第七節　外　交

晏子仕齊，嘗奉使列國，不辱君命。

更生案：「晏子春秋載晏子奉使之文，計内篇問下有使吳，使魯，使晉，雜上有使晉，雜下有使吳，使楚，至於應對賓客者如晉平公問齊君德行高下，吳王問保威強勿失之道，魯昭公問魯一國迷何也，晉叔向問齊國若何？晏子以禮折晉欲攻齊之謀，楚王欲辱晏子等。」

其自稱爲社稷之臣，能立社稷，別上下之義，使當其理；制百官之序，使得其宜；作爲辭令，可分布于四方。（見晏子春秋內篇雜上第十三章。）晏子之謂也。（見晏子春秋內篇雜上第十六章，晉欲攻齊，使人往觀，晏子以禮侍而折其謀。）行人之道亦多術。然別其大要，一曰審辭令，二曰習禮儀。

晏子春秋內篇問下第十章：「恐辭令不審，譏于下吏。」雜下第八章：「晏子使吳，吳王謂行人曰：吾聞晏嬰，蓋北方辯于辭，習于禮者也。」第十章：晏子將使楚，楚王聞之，謂左右曰：晏嬰，齊之習辭者也。」

審辭須明歷史之故實，有機辯之巧智，假之以聲色，動之以言辭，剖理折謀而不辱君命。

晏子春秋內篇雜下第八章：晏子使吳，吳王謂行人曰：「吾聞晏嬰，蓋北方辯于辭，習于禮者也。命儐者曰：「客見則稱天子請見。」明日，晏子有事，行人曰：「天子請見！」晏子蹴然。行人又曰：「天子請見！」晏子蹴然，又曰：「天子請見！」晏子蹴然者三。曰：「臣受命弊邑之君，將使于吳王之所，所以不敏而迷惑入于天子之朝，敢問吳王惡乎存？」然後吳王曰：「夫差請見，見之以諸侯之禮。」

更生案：張純一晏子春秋校注云：「晏子以吳廷不得稱天子，既稱天子，吳王何在？不便明斥其非，而自稱迷惑，卽謂吳王迷惑，眞辯於辭者。」

同篇第九章：晏子使楚，楚人以晏子短，為小門于大門之側，而延晏子。晏子不入，曰：「使狗國者，從狗門入，今臣使楚，不當從此門入，儐者更道，從大門入，見楚王，王曰：「齊無人耶？使子為使？」晏子對曰：「齊之臨淄三百閭，張袂成陰，揮汗成雨，比肩繼踵而在，何為無人？」王曰：「然則何為使子？」晏子對曰：「齊命使，各有所主，其賢者使使賢主，不肖者使使不肖主，嬰最不肖，故宜使楚矣。」

同篇第十章：晏子將使楚，楚王聞之，謂左右曰：「晏嬰齊之習辭者也，今方來，吾欲辱之，何以也？」左右曰：「為其來也，臣請縛一人，過王而行，王曰，何為者也，對曰，齊人也，王曰，何坐，曰坐盜。」晏子至，楚王賜晏子酒，酒酣，吏二縛一人詣王，王曰：「縛者何為者也？」對曰：「齊人也，坐盜。」王視晏子曰：「齊人固善盜乎？」晏子避席對曰：「嬰聞之，橘生淮南，則為橘，生於淮北，則為枳，葉徒相似，其實味不同，所以然者何？水土異也，今民生長於齊不盜，入楚則盜，得無楚之水土，使民善盜耶？」王笑曰：「聖人非所與熙也，寡人反取病焉。」

習禮儀者，通行人之禮，明進退之節，察時變之得失，因應對之需要，周旋取舍均得儀禮之正。

晏子春秋內篇問下第十章：晏子使吳，吳王問可處可去，晏子逡循而對曰：「嬰北方之賤臣也，得奉君命，以趨于朝末。……」

第十二章：晏子使魯，魯君問何事回曲之君？晏子逡循而對曰：「嬰不肖，嬰之族又不若嬰，待嬰而祀先者五百家。故嬰不敢擇君 。」

第十六章：晏子使于晉，晉平公問齊君德行高下？晏子蹴然曰：「諸侯之交，紹而相見，辭之有所隱也。……」

雜上第十六章：晉欲伐齊，使范昭往觀，景公觴之，飲酒，酣，范昭起曰：「請君之棄鐏。」公曰：「酌寡人之鐏。」進之于客，范昭已飲，晏子曰：「徹鐏，更之。」

晏子使魯，仲尼命門弟子往觀，子貢反報曰：「孰謂晏子習于禮乎」……晏子曰：「嬰聞兩楹之間，君臣有位焉，君行其一，臣行其二，君之來遬，是以登階歷堂上趨以及位也。君授玉卑，故跪以下之，且吾聞之，大者不踰閑，小者出入可也。」晏子出，仲尼送之以賓客之禮，反，命門弟子曰：「不法之禮，維晏子行之。」

更生案：「禮運曰：『禮變而從時，協諸義而協，可以義起。』晏子於應對進退之際，不失其節；從容中道，可謂習于禮者矣。」

春秋之世，王綱不振，列國競存，地博者兼小，兵疆者刼弱，小國之君，介乎大國之間，如傲大，則大國必重怒以加兵；賤小，則小國必結鄰而報怨。故晏子發明弱國外交之原則，曰：「事大養小，安國之器也。」（見晏子春秋內篇問下第十四章。）其論諸侯孰危，而稱莒先亡，卽貨竭于大國，復不得小國之信効也。

晏子春秋內篇問下第九章：景公問晏子曰：「當今之時，諸侯孰先亡？」晏子對曰：「莒其先亡乎？」公曰：「何故？」對曰：「地侵于齊，貨竭于晉，是以亡也。」

第八節　修養方法

晏子之修養方法有二：即內能愼獨。

晏子春秋內篇雜上第二十三章：「曾子將行，晏子送之，而贈之以善言曰：『君子愼以隱煠。』又：『君子愼所修。』又：「嬰聞汨常移質，習俗異性，不可不愼也。」

雜下第十五章：「樂高不讓，以至此禍，可毋愼乎！」

更生案：「章太炎先生國學略說諸子略說云：『儒家愼獨之言，晏子先發之，所謂「獨立不慙於影，獨寢不慙於魂」是也，當時晏子與管子並稱，非以其重儒學而何？』」

外重力行。

晏子春秋內篇諫下第十四章：「誠于愛民，果于行善。」

問上第七章：「上無驕行，下無諂德。」

第十章：「革心易行。」

第十四章：「言無陰陽，行無內外。順則進，否則退，不與上行邪。」

第十六章：「身行順，治事公。」

第十八章：「所禁于民者，不行于身。」

第二十七章：「言不中不言，行不法不為也。」

問下第十八章：「進不失忠，退不失行。」

第十九章：「用于上則民安，行于下則君尊。」

第二十六章：「言不相坐，行不相反。」

雜上第十八章：「禮成文于前，行成章于後。」

雜下第二章：「禁之以制，而身不先，民不能止。」

更生案：「晏子春秋本文言「行」字者甚多，足徵其『言不相坐，行不相反』言行合一之旨，蓋春秋諸賢，皆輕空言而重實行，特晏子為尤耳。」

愼獨者，常能以繩墨自矯。內無憂慮，外無畏懼，上可以接神明，下可以固人倫，

晏子春秋內篇雜上第二十二章：「晏子之魯，進食，有豚，亡二肩，侍者曰：『膳豚肩之。』晏子曰：『釋之矣。』侍者曰：『我能得其人。』晏子曰：『止，吾聞之，量功不量力則民盡，藏餘不分則民盜，子教我所以改之，無教我求其人也。』」

張純一晏子春秋注校注曰：「此知晏子在在以繩墨自矯。」

誠於中而謹乎外，以黽勉就善也。是以晏子言儉，言節，言節儉，言節欲，言辭讓，言廉、言禮、言義，其源皆出乎愼獨；而旁推交通以成各種德行。茲摘錄原句，以見其演化之脈絡：

晏子春秋內篇諫下第十四章：「法其節儉則可，法其服室無益。」又：「示民知節。」

第十八章：「節于身謂于民。」

問上第七章：「節取于而普施之。」

第十二章：「君處飲食，節之勿羨。」

第十四章：「為君節養其餘以顧民。」

第十七章：「其取下節，其自養儉」。又「不從欲以勞民，不修怒而危國。」

第二十六章：「無以嗜欲貧其家，無信讒人傷其心。」又：「儉于藉斂，節于貨財。」又：「百官節適，關市省征。」

問下第七章：「節欲則民富。」

第二十三章：「稱財多寡而節用之。」

雜下第二十章：「節受于上者，寵長于君，儉居於下者，名廣于外。」

以上言節儉，節欲。

問上第二十三章：「卑而不失義，瘁而不失廉。」

問下第十八章：「不持利以傷廉，可謂不失行。」

第十九章：「其交友也，諭身行義。」

第二十四章：「和柔而不銓，刻廉而不劌。」

第二十八章：「上惽亂，德義不行。」

雜下第十四章：「廉者，德之本也，讓者，德之主也。……可毋慎乎！廉之謂公正，讓之謂保德，……維義為可以長存，……辭讓者不失其福。」

以上言廉，辭讓，義。

更生案：言禮者，文繁不及備載，其詳可參閱本章「晏子學術思想」第四節倫理部分。

因晏子嚴以律己，而能內得心之誠，外知事之情。（見晏子內篇問下第十三章。）是以重力行而務實際。書中言力行者甚多，如：

問上第七章：「上無驕行，下無諂德。」

第十章：「革心易行。」

第十七章：「身行順，治事公。」

第二十三章：「諸侯明乎行，百姓通乎德。」

雜上第十八章：「禮成文于前，行成章于後。」

雜下第二章：「禁之以制，而身不先行，民不能止，故化其心，莫若教也。」

以上言行之重要。

諫下第十四章：「誠于愛民，果于行善。」

問上第六章：「德義不中，信行衰微。」

第十章：「政必合乎民，行必順乎神。」

第十四章：「行無內外，順則進，否則退，不與上行邪。」

第十七章：「其行愛民，其取下節。」

以上言行之內容。

問上第二十二章：「薦善者不行，故聖人伏匿隱處。……此聖人不得意也。」

問下第十三章：「左右讒諛，相與塞善，行之所以衰也。」

第十九章：「夸言愧行，……命之曰狂僻之民。」

第二十一章：「曲行則道廢。」

第二十五章：「以枯槁為名，世行之則亂，身行之則危。」

以上言行邪以害正生。

但行而不謹，噬臍莫及。其評魯昭公失國之言云：「愚者多悔，不肖者自賢，溺者不問墜，迷者不問路，溺而後問墜，迷而後問路，譬之猶臨難而遽鑄兵，臨噎而遽掘井，雖速亦無及已。」（內篇雜上第二十章。）故自道常行之德曰：「爲者常成，行者常至，嬰非有異于人也，常爲而不置，常行而不休耳。」（見內篇雜下第二十七章。）晏子能謹身愼行，常爲不置，是以其徒處與有事，無往而不自得也。至其答景公忠臣之行曰，「忠臣之行，不掩君過，諫乎前不華乎外，選賢進能，不私乎內，稱身就位，計能受祿，睹賢不居其上，受祿不過其量，不權君以爲行，不稱位以爲忠，不揜賢以隱長，不刻下以諛上，君在不事太子，國危不交諸侯，順則進，否則退，不與君行邪也。」（見內篇問上第二十章。）其光風霽月，雖與日月爭輝可也。

第九節　結　論

晏子於公室既衰，政出私門之會，身相齊國，內撫百姓，外結強援，終其身，使齊外無諸侯之憂，內無國家之患，厥功亦已偉矣！其學也：上明天道，下合人紀，而尤以禍福、生死，皆自然之遇合，非人力所可得而強求者，故勉人當法天地生生之德，明物我無間之理，使君君、臣臣、父父、子子，各盡其才，各守其分，由小我之充滿，以求大我之實現。故其言禮、言義、言樂、言辭讓、言節儉、合諸德以成一完滿之人格，其言政尚賢，民本，正名，以冀挽世道之放失，而繼往聖之絕學，又以持身嚴而於人寬，明責任而重力行。其實事求是，不枉尺直尋之態度，更足使頑夫廉，懦夫有立志。審乎此，知晏子之學，巨可以補國，細可以益身，其傳世而不朽者，不亦宜乎。

第六章　晏子春秋之文辭

晏子春秋者，入道見志之作也，本無意馳騁於文辭，然心生而言立，言立而文明，藻采絢麗，至道攸存，蓋亦有可以稱述者。晏子之文，潤曲湍回，無不合自然之趣；順美匡惡，皆出乎內心之誠。劉勰文心稱其「事覈而言練」，可謂知言矣。余治晏子學有暇，咀其菁英，玩其蘊藉，更論其文辭如次。

第一節　晏子文評

劉向晏子春秋敍錄：

「其書六篇，皆忠諫其君，文章可觀，義理可法。」

劉勰文心雕龍諸子篇：

「管晏屬篇，事覈而言練。」

余有丁縣眇閣本晏子春秋題辭：

「其文（晏子春秋）多平實，少波瀾，少奇崛。」

管同因寄軒文初集卷三讀晏子春秋：

「其文（晏子春秋）淺薄過甚，其諸六朝後人爲之者與？」

黃以周儆季文鈔卷一讀晏子：

「管異之（同）以其文爲淺薄，可謂不知言。」

張純一晏子春秋校注敍：

「吾服膺晏子之書久矣，竊嘆其忘己濟物，不矜不伐，髣髴有大禹之風。」「今以其文章可觀，義理可法，允宜推行於世。」

于省吾晏子春秋新證序：

晏子書多古義古字，如「死」之讀「尸」，「辟」之訓「軌」「十一月」之作「氷月」「疆」之作「彊」，「萊之作「[illegible]」，「對」之作「敓」「聞」之作「惛」「綏」之作「妥」「治」之作「司」「禮儀」之作「豊義」「如」之作「女」「龍」之作「竜」「厥」之作「久」「依」之作「韋」，「翼」之作「翌」，「期」之作「其」；具詳篇中。惟自揆學識謭陋，庸能宣其疑滯，究其奧窔乎？世有通學，當能匡其不逮也。

第二節　晏子句法

鳧脛雖短，續之則憂，鶴膝雖長，斷之則悲，文章句法，長短有式者亦如之。劉海峯論文以「字句爲神氣音節之所寄。」（見論文偶記，該文凡三千餘言，論文章首重字句之語，最爲精確。）姚範以爲「文之神氣體勢，皆由字句章法中見之。」（見姚氏著援鶉堂筆記）劉勰文心雕龍章句篇云：「人之立言，因字而生句，積句而成章，積章而成篇，篇之彪炳，章無疵也；章之明靡，句無玷也；句之清英，字不妄也；振本而末從，知一而萬畢矣。」又：「章句在篇，如繭之抽緒，原始要終，體必鱗次，啓行之辭，逆萌中篇之意，絕筆之言，追媵前句之旨。」故字句章法，古今同重，晏子句法，錯落有致，變化無窮，然尋而求之，亦自有端緒：

長句法：

晏子請左右與可令歌舞足以留思虞者退之。（見內篇諫上第五章。）

國人皆以君安于野而不安于國。（見內篇諫上第二十三章）

夫民無欲殘其家室之生以奉暴上之僻者。（見內篇諫下第一章）

寡人今欲從夫子而善齊國之政。（見內篇問上第六章）

短句法：

加冠。受相退。把政。（見內篇諫上第十二章）

比至。（見內篇諫上第二十六章）

歌終。（見內篇諫下第六章）

公撤履。（見內篇諫下第十三章）

易。（見内篇問下第七章）

興。（見内篇雜上第二章）

君至。（見内篇雜上第十二章）

反。（見外篇上第一章）

反詰句法：

敢問吳王惡乎存？（見内篇雜下第八章）

齊無人耶，使子爲使？（見雜下第九章）

今民生長於齊不盜，入楚則盜，得無楚之水土，使民善盜耶？（見雜下第十章）

高糾之事夫子三年，曾無以爵祿而逐之，敢請其罪？（見外篇上第二十三章）

賢而隱，庸爲賢乎？（見内篇問上第十三章）

交錯句法：

上帝神則不可欺，上帝不神祝亦無疑。（見内篇諫上第十二章）

疏者有罪，戚者治之；賤者有罪，貴者治之。（見諫上第十三章）

心有四支，心得佚焉則可；四支無心，十有八日，不亦久乎！（見諫上第二十三章）

下無言則上無聞矣，下無言者吾謂之瘖，上無聞則吾謂之聾。（見諫下第十七章）

德民以安其國，政足以和其民，國安民樂，然後可以舉兵而征暴。（見問上第三章）

傲大賤小則國危，慢聽厚斂則民散，事大養小，安國之器也，謹聽節斂，衆民之術也。（見問下第十七章）

通則事上使邺其下，窮則教下使順其上。（見問下第十九章）

承接句法：

禮者，民之紀；紀亂則民失。（見內篇諫上第二章）

朝居嚴則下無言，下無言則上無聞。（見諫上第十七章）

審擇左右，左右善則各得其宜而善惡分。（見問上第三十章）

相反見義句法：

南望南斗，北戴樞星。（見內篇雜下第五章）

懸牛首於門。賣馬肉於內。（見雜上第一章）

君子有道懸之閭，紀有此言注之壺。（見雜上第十九章）

下無直言，上無隱惡。（雜上第十一章）

疾不必生，徐不必死。（見雜下第三章）

一心可以事百君，三心不可以事一君。（見問下第二十九章）

在上治民，足以尊君；在下涖修，足以變人。（見問下第二十六章）

外知事之情，內得心之誠。（見問下第十三章）

第三節　晏子韻語

古代竹帛繁重，學術傳授，多憑口耳，故韻語雜出，藻繪紛陳，易之文言繫辭以及百家諸子，大率如此。劉勰文心雕龍曰：「音律所始，本於人聲，聲含宮商，肇自血氣。……言語者，文章神明樞機。吐納律呂，脣吻而已。」黃先生云：「聲音爲文章之關鍵，聲音通暢，則文采鮮而精神爽。」（見黃季剛先生文心雕龍札記）是以「人稟七情，應物斯感；感物吟志，莫非自然。」（見文心雕龍明詩篇）晏子之文，韻語間出，多不勝舉，今特錄其尤者，以見一班。

「近臣嘿，遠臣瘖，衆口鑠金。」（內篇諫上第十二章）

江有誥先秦韻讀云：「瘖金為韻，侵部。」

姚文田古音諧：侵引此。

更生案：蘇輿云：「瘖同喑。」喑：說文云：「宋齊謂兒泣不止曰喑，從口音聲。」段注：「喑，於今切，七部。」說文云：「金：五色金也。段注：「居音切，七部。」瘖、金二字在段氏六書音韻表中同屬第七部，為同部疊韻。

「仁者息焉，不仁者伏焉。」（內篇諫上第十八章）

張純一晏子春秋校注云：「息伏為韻，見唐韻正，一屋伏下，古音諧引此。」

更生案：說文：「息：喘也，從心自。」段注：「相卽切，一部，各本此下有自亦聲，三字，自聲在十五部。」「伏：司也，從人犬。」段注：「房六切，古音在一部，二字同部，雙聲。

天之下殃，固于富强。爲善不用，出政不行。賢人使遠，讒人反昌。百姓疾怨，自爲祈祥。錄錄彊食，進死何傷。是以列宿無次，變星有芒。熒惑回逆，孽星在旁。有賢不用，安得不亡。」」（見內篇諫上第二十一章）

孫星衍音義云：「上皆韵語。」

張純一晏子春秋校注云：「唐韵正行下十一庚行下 引此文，先秦韵讀注陽部，古音諧十六庚引此。」

「涷水洗我若之何？太上靡散我若之何？」（內篇諫下第五章）

江有誥云：「洗叶音線，散音線，元文通韵。」

張純一校注：「古音諧九寒上聲引此。」

蘇時學爻山筆話云：「此歌一作庶民之餒我若之何？奉上糜㪚我若之何？與此小異，見廣文選及梅氏古樂苑引。」

更生案：說文：洗，洒足也，從水先聲。」段注：「穌典切，十三部。」又：「散：雜肉也，從肉㪚聲。」段注：「穌旰切，十四部。」依章氏成均圖二字鄰部旁轉，且洗——散雙聲。

「穗兮不得穫，秋風至兮殫零落。風雨之拂殺也，太上之靡㪚也。」（見諫上第六章）

孫星衍音義云：「殫，太平御覽作草或單字，言盡零落也，穫落為韵。」

張純一校注云：「古音諧五昔引此。」

「先君桓公用賢，國有什伍，治徧細民。貴不凌賤，富不傲貧。」（見內篇問上第七章）

孫星衍音義云：「賢、民、貧、為韻。」

更生案：說文：「賢：多財也，從貝臤聲。」段注：「胡田切，十二部。」「貧，財分少也，從貝分，分亦聲」段注：「符巾切，十三部。」「民，衆萌也。」段注「彌鄰切，十二部。」依章氏成均圖，段氏十二、十三、十四、三部卽真、諄、寒、三韻，鄰近通轉，於顧炎武唐韻正同屬真，於曾運乾三十部中同為陽聲。

「今君之游不然，師行而糧食，貧者不補，勞者不息。」（見內篇問下第一章）

張純一校注云：「食息為韻。」

更生案：說文：「食，亼米也，從皀亼聲。」段注：「乘力切，一部。」「息，相卽切，一部。」（前條下案語已引）二字同隸之韻，故同部疊韻。

「美者水平清清，其濁無不雩途，其清無不掃除。」（見問下第四章）

孫星衍音義云：「途除為韻。」

張純一校注：「古音諧十二魚引此。」

「此言古者聖王明君之使以善也，故外知事之情，而內得心之誠。」（見問下第十三章）

孫星衍音義云：「情誠為韻。」

更生案：說文：「情，人之陰氣有欲者，從心青聲。」段注：「疾盈切，十一部。」「誠，信也，從言成聲。」段注：「氏征切，十一部。」二字同屬青韻，曾運乾陽聲嬰攝第六部。

「先君莊公，不安靜處，樂節飲食，不好鐘鼓，好兵作武，與士同饑渴寒暑。」（見問下第十五章）

孫星衍音義云：「處、鼓、暑、為韻。」

張純一校注云：「武與處、鼓、暑四字為韻。」又云：「古音諧十二魚上聲引此。」

「君之彊，過人之量。」「（同上）

孫星衍音義云：「強量、為韻。」

更生案：說文云：彊，弓有力也，從弓畺聲。」段注：巨浪切，十部。」「量，稱輕重也，從重省，曏省聲。」段注：「呂張切，十部。」二字同隸陽韻，曾運乾陽聲央攝第十八部。

道殣相望，而女富溢尤；民聞公命，如逃寇讎。」（見問下第十七章）

孫星衍音義云：「尤讎為韻。」

更生案：說文：「尤，異也，從乙又聲。」段注：「羽求切，古音在一部。」「讎，猶譍也。從言雔聲。」段注：「市流切，三部。」依曾運乾三十部二字雖部居不同，但同屬陰聲。

「畏禍敬鬼神，君之善足以沒身，不足以及子孫矣。」（見問下第十五章）

孫星衍音義云：「神、身、孫、三字為韻。」

更生案：說文：「神，天神引出萬物者也，從示申聲。」段注：「食鄰切，古音在十二部。」

「身，躬也，從人申省聲。」段注：「失人切，十二部。」「孫，子之子曰孫，從系子。」段注：「思魂切，十三部。」十二、十三、兩部古音同屬真韵，章太炎先生二十三部，十二部是真韵，十三部是諄韵，旁轉相通。曾運乾三十部二字同為陽聲。

第四節　晏子取喻

易之有象，以盡其意；詩之有比，以達其情，文之作也，可無喻呼？故「金錫以喻明德，珪璋以譬秀民，螟蛉以類教誨，蜩螗以寫號呼，澣衣以擬心憂，席卷以方志固，凡斯切象，皆比義也。」（見劉勰文心雕龍比興篇），而晏子之文，其取喻不常，或喻於聲，或方於貌，或擬於心，或譬於事，總其大凡，略條于後：

一曰直喻：或言「猶」或言「如」或言「若」，灼然可見。

「猶心之有四支，心有四支，故心得佚焉；今寡人有五支，故寡人得佚焉。」（諫上二十三章）

「若乃心之有四支，而心得佚則可；令四支無心十有八日，不亦久乎！」（同上）

「星之昭昭，不若月之曀；小事之成，不若大事之廢。」（諫下第二十二章）

「今民聞公令，如逃寇讎。」（問上第二十五章）

「譬之猶秋蓬也，孤其根而美枝葉，秋風一至，僨且揭矣。」（雜上第二十章）

「猶懸牛首於門，而賣馬肉於內也。」（雜下第一章）

「君子之難得也，若華山然。」（雜下第十三章）

「夫富如布帛之有幅焉。」（雜下第十五章）

「如魚有依，極其游泳之樂。」（問下第十五章）

「如美淵澤，容之，衆人歸之。」（同上）

「若以水濟水，誰能食之；若琴瑟之專一，誰能聽之。」（外篇七第五章）

「若社之有鼠也。」（外篇七第十四章）

二曰隱喻：隱喻者，睹其文似晦，索其義可尋。

「幸矣！章遇君也；令章遇桀紂者，章死久矣！」（內篇諫上第四章）

「踈者有罪，戚者治之，賤者有罪，貴者治之，君得罪於民，誰將治之？敢問桀紂，君誅乎？民誅乎？」（諫上第十三章）

「景公所愛馬死，公怒，令人操刀，解養馬者。晏子止之，而問于公曰：古時堯舜支解人，從何軀始？」（諫上第十二五章）

「景公藉重而獄多，欲託晏子，晏子對曰：君將使嬰敕其功乎？則嬰有壹妄能書，足以治之矣！」（諫下第一章）

「合升鼓之微，以滿倉廩，合踈縷之緯，以成幃幕，太山之高，非一石也，累卑然後高。夫治天下者，非用一士之言也。」（諫下第十七章）

「地不同生，而任之以一種，責其俱生不可得；人不同能，而任之以一事，不可責徧成。」（問上第二十四章）

「景公問廉政而長久，晏子對以其行水也；美哉！水乎淸淸，其濁無不雩途，其淸無不洒除，是以長久也。」（問下第四章）

「其僕將馳，晏子撫其手曰：徐之！疾不必生，徐不必死，鹿生于野，命懸于廚，嬰命有繫矣。按之成節而後去。」（雜上第三章）

「晏子使楚，王曰：齊無人耶？使子爲使。晏子對曰：齊之臨淄三百閭，張袂成陰，揮汗成雨，比肩接踵而在，何爲無人？」（雜下第九章）

「楚王曰：齊人固善盜乎？晏子避席對曰：嬰聞之，橘生淮南，則爲橘；生於淮北，則爲枳，葉徒相似，其實味不同，所以然者何？水土異也。今民生長于齊不盜，入楚則盜，得無楚水土，使民善盜耶！」（雜下第十章）

「公笑曰：子近市，識貴賤乎？對曰：旣竊利之，敢不識乎？公曰：何貴何賤？是時也，公繁于刑，有鬻踊者，故對曰：踊貴而屨賤。公愀然改容，爲是省于刑。」（雜下第二十一章）

「君好之，則臣服之，君嗜之，則臣食之；夫尺蠖食黃則其身黃，食蒼則其身蒼，君其猶有諂人言乎？」（外篇八第十八章）

三曰類喻：取其共類，以次喻之。

「土事不文，木事不鏤。」（內篇諫下第十四章）

「古聖王畜私不傷行，斂死不失愛，送死不失哀。」（諫下第二十一章）

「豐厚其葬，高大其壟。」（諫下第二十二章）

「導君以親于父兄，有禮于羣臣，有惠于百姓，有信于諸侯。」（同上）

「上有君臣之義，下有長率之倫。」（諫下第二十四章）

「上利其功，下服其勇。」（同上）

「政必合乎民，行必順乎神。」（問上第十章）

「謀于上不違天，謀于下不違民。」（同上）

「通則視其所舉，窮則視其所不爲，富則視其所分，貧則視其所不取。」（問上第十七章）

「縵密不能，蔍苴不學者詘，身無以用人，而又不爲人用者卑，善人不能戚，惡人不能疏者危，交游朋友，無以說于人，又不能說人者窮，事君要利，大者不得，小者不爲者餧，大不能專，小不能附者滅。」（問上第十五章）

「不權居以爲行，不稱位以爲忠，不揜賢以隱長，不刻下以諛上。」（問上第二十章）

「意莫高于愛民，行莫厚于樂民。」（問下第二十二章）

「言不相坐，行不相反。」（問下第二十六章）

「君子不盡人之歡，不竭人之忠。」（雜上第十八章）

「義高諸侯，德備百姓。」（雜下第二十八章）

四曰引喻，引喻者援引前言往行，以證其事。

(1)有引先王之行者：

「湯武用兵而不爲逆，並國而爲貪，仁義之理也。」（內篇諫上第一章）

「昔三代之興也，利于國者愛之，害于國者惡之。故明所愛而賢良衆，明所惡而邪僻滅。……君上不度聖王之行，而下不觀惰君之哀。……」（諫上第七章）

「昔者先君桓公之地狹于今，修法治，度政教，以霸諸侯。……」（諫上第九章）

「古之王君德厚足以安世，行廣足以容衆。……」（諫上第十四章）

「昔先君莊公之伐晋也，其役殺兵四人。……」（諫下第四章）

「昔文王不敢盤游于田，故國昌而民安。……」（諫下第八章）

「昔三代之興也，謀必度于義，事必因于民。……」（問上第十二章）

「昔者文王修德不以要利。……」（問上第二十三章）

「明王之任人，諂諛不邇乎左右，阿黨不治乎本朝。……」

「文王慈惠殷衆，收卹無主，是故天下歸之。」（問下第十七章）

「聖王見賢以樂賢，見不肖以哀不肖。……」（雜上第八章）

(2)有引諺語者：

「夏諺曰：『吾君不游，我曷以休，吾君不豫，我曷以助，一游一豫，爲諸侯度。』」（問下第一章）

「諺有之：『社鼠不可薰。』」

(3)有引銘者：

「讒鼎之銘曰：『昧旦丕顯，後世猶怠。』」（問下第十七章）

(4)有引聞時人言者：

「吾聞『君子不盡人之歡，不竭人之忠。』」（雜上第十八章）

「嬰聞之『君子有道懸之閭，紀有此言注之壺。』」（雜上第十九章）

「吾聞之『量功而不量力則民盡，藝餘不分則民盜。』」（雜上第二十二章）

「嬰聞之『君子居必擇鄰，游必就士。』又：『汩常移質，習俗異性。』」（雜上第二十三章）

(5)有引詩者：

「載驂載駟，君子所屆。」（諫上第九章）

吏生案：晏子引詩甚多，總計共十八次，讀者可參閱本文第四章第五節結論，即得其詳，為免重複，茲不贅錄。

(6)有引歌者：

「歌曰『庶民之言曰，凍水洗我若之何？太上靡散我若之何？』」（諫下第五章）

「晏子作歌曰：『穗兮不得穫，秋風至兮殫零落，風雨之拂殺也，太上之靡弊也。』」（諫下第六章）

第五節　晏子語助詞示例

劉彥和曰：「夫惟蓋故者，發端之首唱；之而於以者，乃劄句之舊體；乎哉矣也，亦送末之常科；據事似閒，在用實切。」（見文心雕龍章句篇）此論助語之始也。陳騤曰：「文有助詞，猶禮之有儐，樂之有相也，禮無儐則不行，樂無相則不諧，文無助則不順。」（見陳騤著文則）此論助詞之重要，最不可易。特推演晏子語助之例，擇尤錄出，用備觀覽焉。

一、有一句五字連助例：

「則君使吏比而焚之而已矣。」（諫下第一章）

二、有七字成句三字爲助例：

「夫樂何必夫故哉？」（諫上第六章）

「夫樂亡而禮從之。」（同上）

「其宗廟之養鮮也？」（諫上第十二章）

三、有五字成句三字爲助例：

「其幸而雨乎？」（諫上第十二章）

「足以治之矣。」（諫下第一章）

四、有四字成句助詞半之例：

「豈不可哉！」（諫上第二十三章）

「虎之室也」「蛇之穴也。」（諫下第十章）

「忠臣也者。」（問上第十九章）

「而節用之。」（問下第二十三章）

五、有一句而三字連助例：

「吾之爲君名而已矣。」（諫下第二十一章）

「行此兩者而已矣。」（問下第七章）

「待天而已矣。」（問下第十九章）

六、有每句有助，讀之殊無齟齬艱辛之態例：

「先其難乎，而後幸得之，得之時其所也，失之非其罪也，可謂保其身矣。」（問下第二十七章）

「美哉！不出罇俎之間，而折衝于千里之外，晏子之謂也。」（雜上第十六章）

七、文有數句，用一類助字，以壯文勢，廣文義例：

用而字例：

「古之賢君飽而知人之饑，溫而知人之寒，逸而知人之勞。」（上第二十章）

「爲臣比周而求進，踰職業防下隱利而求多，從君不陳過而求親。」

「和調而不緣，溪盎而不苛，莊敬而不狡，和柔而不銓，刻廉而不劌。」（問下第二十四章）

「父慈而教，子孝而箴，兄愛而友，弟敬而順，夫和而義，妻柔而貞，姑慈而從，婦聽而婉。」（外上第十五章）

用則字例：

「行傷則溺己，愛失則傷生，哀比則害性。」（諫下第二十一章）

「通則視其所舉，窮則視其所不爲，富則視其分，貧則視其所不取。」（問上第十三章）

用者字例：

「能愛邦內之民者，能服境外之不善；重士民之死者，能禁暴國之邪；中聽任賢者，能威諸侯；安仁義而樂利世者，能服天下。不能愛邦內之民者，不能服境外之不善；輕死力之士者，不能禁暴國之邪逆；愎諫傲賢者，不能威諸侯；倍仁義而貪名實者，不能服天下。」（問上第一章）

「縵密不能蔍苴不學者詘，身無以用人而又不爲人用者卑，善人不能戚惡人不能疏者危，交游朋友無以說于人者窮，事君要利大者不得小者不爲者餒，修道立義大不能專小不能附者滅。」（問上第十五章）

用之字例：

「道忠者不聽，薦善者不行，諛過者有賚，救失者有罪。」（問上第二十二章）

「臣專其君謂之不惠，子專其父謂之不孝，妻專其夫謂之嫉妬。」（諫下第二十二章）
「爲君厚藉斂而託之爲民，進讒諛而託之用賢，遠公正而託之不順。」（問上第十四章）
「緇布之衣，麋鹿之裘，棧軫之車。」（雜下第十二章）

用以字例：

「死即畢殮，不以留生事；棺槨衣衾，不以害生養；哭泣處哀，不以害生道。」（諫下第二十一章）
「朽尸以留生，廣愛以傷行，循哀以害性。」（諫下第二十一章）
「德不足以懷人，政不足以惠民，賞不足以勸善，刑不足以防非。」（問上第二十五章）

用其字例：

「其政任賢，其行愛民，其取下節，其自養廉。」（問上第十七章）
「觀之以其游，說之以其行，無以靡曼辯辭定其行，無以毀譽非議定其身。」（問上第十三章）

用于字例：

「事君之道，導君以親于父兄，有禮于羣臣，有惠于百姓，有位于諸侯。爲子之道，導父以鍾愛于兄弟，施行于諸父，慈惠于衆子，誠信于朋友。」（諫下第二十二章）

晏子春秋研究重要參考書目

經部

周易正義十卷　魏王　弼晉韓康伯注　唐孔穎達正義

尚書正義二十卷　漢孔安國傳　唐孔穎達正義

尚書大傳六卷　漢伏　勝

毛詩正義七十卷　毛　亨傳　鄭　玄箋　孔穎達正義

周禮注疏四十二卷　漢鄭　玄注　唐賈公彥疏

儀禮注疏五十卷　漢鄭　玄注　唐賈公彥疏

禮記正義六十三卷　漢鄭　玄注　唐孔穎達正義

大戴禮記解詁十三卷　清王聘珍解詁　顧鳳藻集解

春秋左傳正義六十卷　晉杜　預集解　唐孔穎達正義

春秋公羊傳注疏二十八卷　唐何　休集解　徐彥疏

論語注疏二十卷　魏何　晏集解　宋邢昺疏

孟子注疏十四卷　漢趙　岐注　宋孫奭疏

韓詩外傳十卷　漢韓　嬰

春秋繁露十七卷　漢董仲舒

說文解字注　漢許　愼　清段玉裁注

爾雅注疏十卷　晉郭璞注　宋邢昺疏

詩考一卷　宋王應麟

唐韵正二十卷　明顧炎武

先秦韵讀　清江有誥

古音諧八卷　清姚文田

左傳會箋　日本竹添光鴻

史部

史記一百三十卷　晉裴駰集解　唐司馬貞索隱張守節正義

漢書一百二十卷　唐顏師古注　清王先謙補注

後漢書一百二十卷　唐章懷太子李賢注

三國志六十五卷　宋裴松之注

國語二十一卷　韋　昭注

列女傳注八卷　漢劉　向　清王圓照注

新序十卷　漢劉　向

說苑二十卷　漢劉　向
水經注四十卷　魏酈道元
史通通釋二十卷　唐劉知幾　清浦起龍釋
孔孟編年　狄子奇
孟子弟子考　朱竹坨
涉史隨筆　宋葛　洪
崇文總目輯釋五卷　宋王堯臣
郡齋讀書志二卷　宋晁公武
直齋書錄解題二十二卷　宋陳振孫
古今僞書考一卷　姚際恒
文獻通考三百四十八卷　元馬端臨
齊乘六卷　元于　欽
四庫全書總目提要二百卷　乾隆四十七年敕撰
四庫簡明目錄二十卷　乾隆四十七年敕撰
歷代紀事年表　清龔士炯
繹史一百六十卷　清馬　驌

文史通義八卷　清章學誠

先秦諸子繫年　錢穆

子部

荀子楊倞注二十卷　清謝墉校本

孔叢子七卷

晏子春秋七卷音義二卷　清孫星衍音義

晏子春秋八卷　江南圖書館藏明活字本

晏字春秋校注　張純一

晏子春秋選注　莊適

晏子春秋集釋　吳則虞

管子房玄齡注二十四卷

韓非子二十卷

墨子十五卷　畢沅校刻

呂氏春秋高誘注二十六卷

老子王弼注二卷

列子張湛注八卷　汪繼培校本

莊子郭象注附釋文十卷

文子二卷

新語一卷　漢陸　賈

鹽鐵論十卷　漢桓　寬

論衡三十卷　漢王　充

風俗通義　漢應　劭

淮南子許愼注二十一卷　涵芬樓影印道藏本

孔子家語王肅注十卷

劉子十卷　北齊劉晝

世說新語三卷　宋劉義慶

中說十卷（卽文中子）　隋王　通

意林五卷　唐馬　總

羣書治要五十卷　唐魏　徵

黃氏日鈔九十五卷　宋黃　震

日知錄集釋三十二卷　明顧炎武　清黃汝誠箋

援鶉堂隨筆四十卷　清姚　範

羣書拾補三十八種　清盧文弨
拜經樓藏書題跋記六卷　清吳壽暘
讀書雜志八十卷　清王念孫
述學六卷　清汪　中
諸子奇賞　續諸子奇賞　明陳仁錫
東塾讀書記　清陳　澧
劉申叔先生遺書
國學略說　章太炎先生演講
諸子考釋　梁啓超
中國哲學史　謝旡量
諸子通考　蔣伯潛
中國文化史　柳詒徵編著
中國哲學史大綱（上册）　胡　適
經子解題　呂思勉著
周秦諸子概論　高維昌著
中國宗教思想史大綱　王治心編

中國學術思想大綱　林　尹著
諸子十家平議述要　毛基鵬纂
中國哲學史概論　日本渡邊秀方著　劉侃元譯

集部

文心雕龍注　臺灣開明書店印行
文心雕龍札記　黃　侃撰
文選注六十卷　唐李　善注
朱文公校昌黎先生文集四十卷
增廣註釋音辯柳先生文集四十三卷
文則　宋陳　騤著
宋學士鑾坡集十卷　明宋　濂
升菴全集八十一卷　明楊　愼
洪北江詩文集六十六卷　清洪亮吉撰
大雪山房文稿初集四卷　清惲　敬撰
鐵橋漫稿八卷　嚴可均
初月樓文鈔十卷　吳德旋

因寄軒文集初集十卷　管　同
儆季文鈔　黃以周
池北偶談　王士禎
古文辭通義　王葆心著

類書

北堂書鈔一百六十卷　唐虞世南
藝文類聚一百卷　唐歐陽詢
初學記三十卷　唐徐　堅
太平御覽一千卷　宋李　昉
玉海二百卷　宋王應麟

雜誌

東方雜誌五卷四、五兩期
光華大學半月刊二卷二期
華國月刊第四期